任性出版　Les Émotions De Votre E[n...]

處理孩子的
情緒怪獸

那些說不出口的失望、嫉妒、憤怒、驕傲
該怎麼表達？35個互動親子遊戲，
0至10歲兒童的情緒管理指南。

法國幼兒專家
愛麗絲・潔拉芭勒 ◎著
（Alice Gélabale）

插畫家
阿努克・菲莉 ◎繪
（Anouck Ferri）

黃翎◎譯

目次

推薦序一　接納情緒,才是面對的起點
　　　　／童童老師(童雋哲)　　　　　005
推薦序二　情緒不是敵人,而是親子的連結
　　　　／戴首嫻　　　　　　　　　　007
推薦序三　從互動中滋養愛,讓親子更靠近
　　　　／李瑜晏　　　　　　　　　　009
關於本書　　　　　　　　　　　　　　011
序言　學習面對孩子的情緒　　　　　　013
為什麼你該讀這本書?　　　　　　　　023

第一章　情緒,跟大腦發展相關

1. 分辨情緒與感覺　　　　　　　　　029
2. 情緒調節,對孩子來說很困難　　　036
3. 影響大腦發展的荷爾蒙　　　　　　042
4. 這些事不利於孩子正向發展　　　　046
5. 作息規律,腦子就安定　　　　　　052
6. 破解關於大腦的刻板印象　　　　　068

情緒練習本　　　　　　　　　　　　075

第二章　孩子像鏡子，反映出父母的樣子

1. 親子有羈絆，他勇敢獨立　　　　　　　　　109
2. 暴力溝通，你犯了幾個？　　　　　　　　　114
3. 訂規範，指令要簡單　　　　　　　　　　　119
4. 重複他的話，但不評論　　　　　　　　　　124
5. 專注於當下，別讓情緒淹沒你　　　　　　　127
6. 正向教養的常見誤解　　　　　　　　　　　130

溝通練習本　　　　　　　　　　　　　　　　135

第三章　大自然是最好的遊樂場

1. 玩，讓孩子學習成為自己　　　　　　　　　173
2. 大自然教會我們的事　　　　　　　　　　　182
3. 接觸生態，別怕弄髒了自己　　　　　　　　190
4. 如何保護生態環境　　　　　　　　　　　　199

認識環境練習本　　　　　　　　　　　　　　203

第四章　育兒路上的甘苦，你並不孤單

1. 爸媽們的見證分享　　　　　　　　　　231
2. 帶小孩好累？當心親職倦怠　　　　　　245
3. 教養非典型兒童　　　　　　　　　　　248
4. 另類教育體系　　　　　　　　　　　　262

結語　父母身心健康，孩子才會快樂　　　265
致謝　　　　　　　　　　　　　　　　　267
參考書目　　　　　　　　　　　　　　　269

推薦序一

接納情緒，才是面對的起點

幼思職能治療所負責人／童童老師（童雋哲）

我常跟家長說明，情緒學習大致上可分為 6 個重要關卡，分別是：情緒察覺、情緒表達、情緒推理、情緒功能、情緒調節，以及打破情緒循環。

每個關卡都很重要，與孩子一起學習時往往要花很多力氣，但最重要的，還是告訴自己與孩子要「先接納情緒」。

為什麼「接納」是情緒學習的前提呢？又為何它如此重要？我可以列舉出非常多的原因，但有個最直接的理由：**先接納了情緒，才有機會面對，後續的處理才會成立**！若是否認和壓抑，那我們要面對什麼？面對的，又會是什麼？

日常中，我們與孩子常見的對話，像是：「這有什麼好怕的？不就是上臺講講話而已嗎？」、「你再生氣試試看！你看我會不會處罰你！」、「不要哭了，用說的！愛哭鬼、羞羞臉！」

當這些對話充斥在孩子有情緒的時刻，因為先否認了情緒（不該害怕、不能生氣、難過很可恥等），就算再怎麼努力練習上述的情緒關卡，孩子最終還是不認識那個發生在自

己身上的「情緒」，更不用說調節和處理。

更何況，否認與壓抑情緒，還可能會帶來內耗：「我怎麼又有情緒呢？」、「又忍不住生氣，這樣的我好糟糕」，不僅原先的問題沒有解決，甚至使得我們陷入「情緒發生→否認→不知該如何面對→自我譴責→耗盡能量」的惡性循環之中。

理解接納情緒的重要性之後，問題又來了：我們究竟該怎麼做？方法有很多，而本書就是非常值得參考的工具書。

本書第一章，作者先帶領大家認識原始情緒後，在章節後的情緒練習本裡，有許多體驗情緒的活動，讓你可以帶孩子認識情緒帶來的生理變化、接納情緒的生理反應。到了第二章，更直接的討論我們與孩子溝通時，如何從否認與評論，**轉變**為接納與自我照顧。第三章則融合許多正念技巧，也是接納自我相當重要的元素：「專注在此時此刻的自己，自己是真實的，感受也是真實的」。

本書不只談論接納情緒，更有許多著重在覺察、表達、調節的章節，值得我們與孩子一同嘗試。翻開本書，讓我們跟隨作者的腳步重新認識情緒，也與孩子在情緒學習這條路上一起成長！

推薦序二

情緒不是敵人，而是親子的連結

美國正向教養協會講師／戴首嫻

記得我小時候難過或委屈時，不太敢說，也不會說，只能把眼淚吞下去。而那個年代的大人，也多半不擅長表達情緒，更不知道怎麼接住孩子的情緒，甚至會說：「不是什麼大事，別哭了！」久而久之，我學會了：有情緒是麻煩的、不被接受的。

在與情緒如此陌生的狀態下，我成了兩個男孩的媽媽。幸好，這也成為我重新學習的起點。隨著孩子成長，我開始逐漸理解，情緒不是敵人，而是孩子與我建立連結的方式。

本書整理出孩子最常出現，但難以表達的情緒，例如憤怒、悲傷、快樂等，這些情緒往往影響孩子的行為與家庭氛圍。小孩大哭大鬧、不合作，有時只是還不懂得如何表達，透過這本書，父母可以教他們怎麼說，陪他們放下情緒。

書中提供 35 個簡單又有趣的親子互動遊戲，不需要理解高深理論或準備特殊道具，只需要一顆願意陪玩的心，就能幫助孩子們慢慢說出：我很生氣、我覺得不公平、我現在是紅色的情緒……。

我的大兒子9歲，正在練習情緒的表達和調節；小兒子3歲，還在學著替情緒命名。而我會在孩子面前說：「媽媽今天有點累，可以給我一點安靜的時間嗎？」也會問孩子：「你現在是紅色還是橘色的情緒呢？」我們一起讀故事、擁抱，有時也會玩書中介紹的「火山爆發體操」或睡前放鬆心情的「熊熊家族」遊戲。

慢慢的，我不再害怕情緒的出現。孩子當然還是會耍賴、發脾氣、大哭，但我不再那麼容易感到煩躁和焦慮，因為我明白，**混亂情緒不代表他們是壞孩子，而是向我求助的訊號**。

書中有許多活動看似為孩子設計，其實大人做起來也很有感。這也是本書最打動我的地方：**它不只談孩子，也療癒著父母**。

如果你也曾在孩子哭鬧時感到無力，懷疑自己是不是沒教好，或者你和我一樣，小時候沒人教你怎麼理解情緒，我真心推薦你也讀這本書。這不只是一本遊戲書，也結合最新的大腦科學研究、非暴力溝通、正向教養與活在當下的練習，是一封寫給我們內在小孩的溫柔信件。

我們或許無法改變自己的童年，但可以給孩子一段充滿理解與陪伴的童年。

推薦序三

從互動中滋養愛，讓親子更靠近

Podcast《費雪阿姨說故事》主理人、正念育兒推廣者／李瑜晏

身為一位愛書人，我近期才感悟知識與智慧的不同：「知」是頭腦的知曉，拓寬見識；而「智」是理解之後，將「知」識活在「日」常裡，融入個人專屬的氣息、家庭背景與文化涵養，在生命中長出「慧」根。

因此，在本書中，我最喜歡的就是日常實作練習。作者說：「唯有透過實作，我們才能真正感受、理解、學習，並內化和鞏固所有曾經歷的體驗。」書中豐富的親子互動，幫助讀者將知識活用在生活中，不但提升父母的覺察力，也加深與孩子之間的連結，共創高品質的親子時光，促進腦內啡分泌，帶來滿滿的幸福感。除了家長，我也推薦教育工作者，將書中的互動遊戲帶入幼兒園或親子工作坊，肯定會很有收穫。

本書以淺白的文字，讓家長能輕鬆學習育兒的科學知識，例如：讓人感受到幸福的荷爾蒙有哪些？為什麼孩子常聽不懂我說的話？如何引導小孩辨識情緒、學會與之共處？這些其實都與孩子的大腦發展息息相關，當我們理解背後的

原因，就更能有智慧且有效的化解親子衝突。

　　此外，書中還提供了實用的「非暴力溝通」技巧，避免長期提供有毒的壓力（打罵威脅、批評、羞辱、忽略等），破壞孩子的大腦神經元；以善良、同理和溫柔的方式教養孩子，幫助大腦產生催產素，有助於他們成為更具同理心、適應力強大且對他人友善的人。

　　許多父母都有這樣的想法：「我真的很想當一位好爸爸／好媽媽，但情緒一來，還是忍不住爆炸⋯⋯。」落實正向教養，父母不只須具備察覺力，也要誠實接納自己有情緒與陰影。在本書中，我很開心的學習螺旋動力覺察、情緒反思等方法，這些能幫助父母往更高層次升級。

　　成為父母，是一條充滿修練的道路，不但要面對外界的聲音，還得回應內在的自我要求，並承接孩子對我們深深的依附。來自各方的壓力層層堆疊，常讓父母感到疲憊、自責、挫敗，甚至懷疑人生。

　　但請記得：我們無法滿足所有人的期望，也不需要。這世上沒有完美的父母，也沒有完美的小孩。真正的完美，存在於許多我們與孩子共處的時光。我相信，你們也有這樣的幸福體驗！

關於本書

本書由四章（四個主題）所組成：

① 理解孩子的大腦發展與情緒的關聯。
② 重塑溝通，營造更平和的親子關係。
③ 鼓勵孩子探索環境與自然生態。
④ 為人父母面對的挑戰。

每章皆由「理論篇」和「練習本」兩個部分組成，內容包含：

- 小故事、歌謠。
- 親子互動遊戲、手作活動和簡易操作練習。
- 呼吸、冥想練習。

序言
學習面對孩子的情緒

　　身為現代的父母，在現今充斥著大量育兒教養的資訊、建議和方法的茫茫汪洋裡，每個人都試圖尋覓正確的教養方向。因此，我們必須打造一個能夠不斷創新，且讓每位家庭成員都找到角色位置的家庭模式。現今社會對家長成為「好父母」的期望，似乎比以前更強烈，因此育兒對每位家長來說都是一大挑戰。

　　「保持正向！」、「專心傾聽！」、「要有愛與關懷！」相信許多父母都經常聽到這樣的聲音。

　　兒童精神科醫師與教養專家丹尼爾‧馬賽利（Daniel Marcelli）解釋：「當我們發現每個孩子的能力與潛能時，父母所扮演的角色將會徹底改變。『親職教養』這個詞的出現，反映出親職就是父母協助和滿足孩子發展的任務。在過去，大多數家長不會思考自己是否是位『好父母』，他們履行的父母親職責，就是滿足孩子的基本需求和提供良好的教育。而現代父母則會根據孩子個人特質的差異，調整教養觀念和方法。」

　　當今社會有將育兒教養美化成「奇蹟式的幸福」的傾

向,為年輕的父母——特別是年輕媽媽們——帶來了很大的壓力。但這樣的理想狀態其實非常不切實際。

在被迫「理想化育兒」的這段期間,實際上充滿了許多挑戰,讓父母感到疲憊不堪。

為什麼現今扮演父母的角色,反而成為壓力、甚至是緊張及焦慮的來源呢?以下的分析或許能夠解釋這樣的現象。

> **教養大數據:**
> 有70%的家長感受到社會大眾期望他們成為「好父母」。

性別角色轉變

在二十世紀下半葉,性別角色出現了明顯的變化。

以法國為例,傳統上「男主外、女主內」的觀念,到了1968年五月革命和女權運動的興起才有所轉變。如今,女性大都投入職場,同時要兼顧家庭和事業。這樣的觀念解放,使女性有了更多選擇、安排休閒的自由。

其實,受這樣變化影響的不只是女性,男性的角色也產生了變化。父親不再只負責賺錢養家,**社會也開始期待男性在育兒教養方面能有所貢獻**。這樣的性別角色轉變,影響著現代家庭中的親職關係。

從此,每位父母都在瞬息萬變的社會中,尋找著自己的身心平衡。

個人主義崛起

在西方文化中,個人主義的價值觀興起,衍生出對人生成就的追求,也帶來了更多的比較和競爭。這樣的競爭心態在育兒領域也屢見不鮮。**許多家長都會認為:「不論何時、何處,我一定要成為最好的父母。」**

擁有如此價值觀的社會,卻不斷暗示著育兒教養是一件「單打獨鬥」的事,父母常需要獨自面對育兒的挑戰,難以尋求支援。

然而在非洲,有句諺語說:「養育一個孩子需舉全村之力。」若是在這樣的文化裡,育兒就並不完全只是孩子父母的責任,而是透過與他人互動,結合許多人的生活經驗共同完成,以幫助孩子探索、認識周遭世界。

在當代社會,父母可能因為以下原因而變得孤立無援:

・家庭結構的變遷,與親友的距離變遠。
・難以開口尋求協助,怕被視為缺乏能力或脆弱。

而社群媒體有時則過分強調這種社會觀點。父母若沒有

達到新的「社會標準」，會開始感到內疚與挫折，也往往選擇隱藏自己遇到的難題，只能自己苦吞，或只有另一半一同承受這樣的育兒壓力。

　　法國現在有多種共同鞏固家庭及協助兒童的福利服務，旨在減少父母育兒孤立無援的狀況。像是手機應用程式「初生 1,000 天」，是專為孩子在出生後 1,000 天裡的成長需求而設置，提供實用且具體的支持（譯注：臺灣衛生福利部社會及家庭署也推出「育兒親職網」，提供新手爸媽育兒的資訊管道）。

避孕技術進步

　　避孕和生育領域的醫學研究進展，也正改變著我們對育兒親職的看法。拜新型的生育技術和避孕手段所賜，「選擇自己的孩子」概念逐漸盛行，人們可以決定：

・想要的子女數量。
・想在哪個年紀懷孕生子。
・懷孕間隔時間。

　　選擇孩子的觀念，徹底改變了人們對於「成為父母」這件事的看法。

當生育成為夫妻深思熟慮後所做出的選擇，社會往往會期望父母不要有太多抱怨。這尤其對那些經歷長期備孕或尋求人工生殖技術的父母來說，壓力更大。

於是，輿論中就隱含了這樣的觀念：自己選擇要生育，無論好壞，成果都應該要自己完全承擔。

也就是說，當許多父母都是經深思熟慮而決定要擁有孩子，社會對於育兒困難的容忍度便會隨之降低。

當代父母更盡心投入孩子的教育

現代教育孩子的方式，與好幾世紀以前、甚至是數十年前相比，已經截然不同了。隨著家庭及社會變遷，教養方式也隨之發生革命性的變化。

其實，許多人應該都能很明顯的感受到，父母對我們這一代的教養，和我們對待自己孩子的方式已非常不同。再加上現代社會轉變加速，使得我們很難再完全認同長輩的育兒價值觀。

若要了解社會中孩子的地位是如何轉變，以下就來回顧歷史的脈絡吧！

孩子的拉丁文 infans，古羅馬文的意思是「不會說話的人」，這充分說明了古羅馬孩子的地位，且孩子也被帝國當作「非公民」對待。

古羅馬普遍認為，孩子缺乏智力、邏輯和主動思考的能力，因此當時對待孩子的方式，與其說是教育，不如說是「訓練」。

　　長久下來，孩子被視為是「小大人」，也並未區分孩子與成人的差別。因此，孩子在社會裡既沒有受到特殊保護，也沒有任何權利。

　　而且，小孩往往很早就投入勞動，被視為是依附於大人意志的「物件」，需要依賴成人的照護。此外，成人往往認為自己是為了孩子的利益而自我犧牲，這讓孩子不得不對成人絕對服從與尊敬。

　　直到工業革命之前，孩子開始有了屬於自己的地位。當時，因為家庭觀念已經轉向以家庭為核心，因此孩子在家中開始占據重要的位置。這樣顯著的觀念轉變，改變了成人對待兒童的方式，以及對他們的看法。

　　但好景不常，工業革命和資本主義的發展打斷了這樣的觀念發展。

　　工業革命期間，孩子被視為一種容易控制和剝削的勞力，經常在礦場、工廠和工作坊中每天工作 15 小時，然而他們的薪水卻只有成人的四分之一。十九世紀中期開始，社會漸漸意識到這個問題，便成就了第一批有關兒童勞動保護的法律。

序言　學習面對孩子的情緒

　　直到路易・巴斯德（Louis Pasteur，發明預防接種方法，被譽為「微生物學之父」）所開啟的醫學時代，才大大降低了兒童的死亡率，政府也逐漸開始重視兒童教育，使兒童的地位在社會中大幅提升。

　　然而，孩子的地位仍未完全確立。要等到二十世紀中期以後，法國等地才更重視學校與教育。1953 年，《歐洲人權公約》（European Convention on Human Rights）生效，裡面明確指出對婦女及兒童予以特別保護。這份公約徹底改變了社會對兒童的觀點。

　　1959 年 11 月 20 日，聯合國通過了《兒童權利宣言》（Declaration of the Rights of the Child）。首批兒童保護法的制訂，終於將孩子視為有權益的個體。

　　而在當代，家庭中的民主觀念逐漸轉強，心理學也漸漸走入私領域當中。

　　歷史上法律與科學的進步，使「孩子是獨立個體」的觀念越來越受到重視，因此，父母對孩子既有權利也有責任。

　　如今，媒體、社群平臺、網路及家庭環境等，皆不斷向我們灌輸「正確」的育兒及教養的方式。現在盛行的各種新興另類教育法，也與我們自己所受的教育截然不同。像是我們經常聽到的「親職」這個詞也相當新，是 1960 年兩位精神分析學者班乃代克（Benede）和拉卡彌爾（Racamier）所

創的詞,描述父母雙方心理成熟的過程。

然而,成為爸媽這檔事始終沒什麼參考的依據,必須自己建立起自己的親職方式。

「父母在孩子成長過程中,同時也在學習『如何成為父母』,並了解孩子的發展及變化。」

我深信,每位爸媽都能創造出適合自己的教養方式,這是一種動態的過程,必須有意識的進行。

以下這些或許也是你經常思考的問題:

- 「孩子面對情緒變化時,我該如何支持他?」
- 「如何將孩子的行為與個性分開看待?」
- 「如何增強孩子的自信心?」
- 「我為什麼會被這個小鬼頭搞得昏頭轉向?」
- 「為什麼其他人育兒看起來那麼輕鬆?」

希望藉由本書,能協助你找到這些問題的解答。

序言　學習面對孩子的情緒

兒童權利的轉變（以法國為例）

・1841 年法國法律規定，最低工作年齡為 8 歲，且每日工作時間不得超過 12 小時。
・1874 年，最低工作年齡提高至 12 歲，並禁止兒童從事地下挖礦工作。因為這項法律，童工大幅減少。
・1889 年 7 月 24 日法國頒布一項法令，旨在保護受虐和遭惡意遺棄的兒童。
・1898 年法國法令規定，對遺棄或虐待兒童的犯罪者長輩或監護人加重刑罰。
・1989 年 11 月 20 日，《兒童權利公約》正式於聯合國通過，保障兒童有基本人權。目前共有 196 個國家簽署此公約。
・2019 年 7 月 2 日，法國成為第 56 個通過禁止體罰相關法規的國家，明確禁止打屁股等體罰暴力行為。

為什麼你該讀這本書？

　　身為一位幼兒教育工作者、托兒所園長、「幼兒同行」協會大使，以及兩個孩子的母親，我對分享與家庭有關的支持與資源一直充滿著熱忱。希望透過本書，向爸媽們分享和傳遞有關兒童發展的最新知識。尤其是近期的神經學領域研究有顯著進展，在情緒、情感和心理方面都有更進一步的研究發現。

　　此外，我也提供了一系列寓教於樂的練習活動，希望能夠幫助各位爸媽更了解孩子。親子之間有一定的了解後，就能在彼此互動交流中持續成長。

　　請記得，我們並不需要做到以下這些事：

- 成為「完美」的父母。
- 當個時時刻刻都能表現優異的「好」家長。
- 創造「理想」家庭。

　　我們應該按照自己的步調，尊重、傾聽家人與孩子，安穩走在屬於自己的育兒之路。遇到困難時，也要勇敢向伴侶、家人、朋友、鄰居或專業人士尋求支援。

「**學會善待自己**」是最重要的事。

育兒方式千百種，但都有一個共同的基礎，那就是為了孩子的整體幸福而努力。

「儘管我們都在努力成為最棒的父母，也都非常愛我們的孩子，但我們無意間的反應，總會『引起』一些爭執，也會有脫節的時刻。這些都在所難免，屬於我們人生的一部分。不過最重要的是，如何在我們遇到或引發人際關係問題時，擁有協商的能力。」——喬・卡巴金（Jon Kabat-Zinn），科學家、作家、靜觀老師

「天下沒有完美的父母，也沒有完美的小孩，但人生中卻有許多在一起的完美時光。」——無名氏

為什麼你該讀這本書？

「孩子大腦的成長過程中,會反映出父母大腦的狀態。如果父母情緒達到平衡,小孩的大腦便能坐享其成,朝著平衡的方向發展。這也意味著若是父母能夠做到整合、培養自己的大腦,就是送給孩子最好的禮物。」
——丹尼爾・席格(Daniel Siegel), 加州大學洛杉磯分校(University of California, Los Angeles)醫學院臨床精神醫學教授

CH. 1
情緒，跟大腦發展相關

打從出生開始,情緒就是人際關係的核心課題。在小孩大腦發育的過程中,情緒占有非常重要的角色。

第一章　情緒，跟大腦發展相關

1. 分辨情緒與感覺

我們經常會將情緒（émotion）和感覺（sentiment）混為一談，然而這兩者之間有些許的不同。

情緒，是純粹的狀態，通常會突然出現，且一時之間無法控制。情緒來臨時，就像浪潮一樣擋也擋不住。我們應學習如何接住情緒，並試著了解，才能更進一步接受它們。

而感覺，是從情緒湧現出來。當我們經歷了某個情境時，先出現的是情緒，再來才是感覺。藏在情緒後面的通常是某一種感覺。感覺是大腦能夠覺察到的想法，且會在大腦內持續一陣子，是種內在的感受，和第一時間的外在原生情緒不同，例如：

- 愛的感覺。
- 友善的感覺。
- 被遺棄的感覺。
- 罪惡感。
- 歸屬感。

陪伴在孩子身邊時，以話語將他的情緒狀態敘述出來，能夠幫助他了解自己的情緒狀態。如果想要更進一步練習，可以跳至本章的「情緒練習本」（見第 75 頁）。

什麼是情緒？

法文的情緒 émotion 字源出自於拉丁文。é 有從某處產生的意思，motion 則有移動、運動的意思。因此，情緒就是一種向外的移動，**是對外在刺激或環境變化所產生的生理反應**。

原生情緒（émotions primaires）也稱作基本情緒，是兒童最初體驗到的情緒。原生情緒在出生的第 1 年開始出現，例如：憤怒、快樂、悲傷、恐懼、厭惡和驚訝。

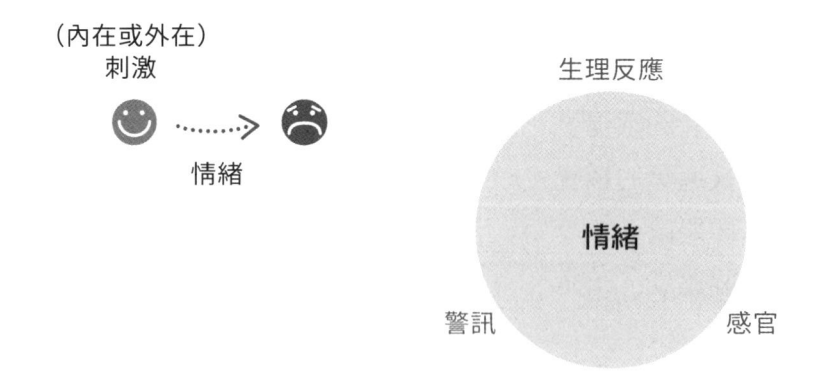

（內在或外在）
刺激

☺ ┈┈> ☹

情緒

生理反應

情緒

警訊　　感官

第一章　情緒，跟大腦發展相關

憤怒

憤怒來自於挫折、不公平、不安或無力感。憤怒之所以存在，是因為感覺不受尊重，要捍衛自己個人界線，或有某項需求沒有被滿足，也可能是缺乏個體需要的完整性。

孩子可能會以大叫、變得激動或是緊握拳頭等方式調解這種情緒。他們覺得自己的情緒需要被認可，需要宣洩情緒，讓自己被接受與理解。

快樂

快樂來自於分享、認識新朋友或成功做到某件事等。快樂能強化我們的幸福感和社交聯繫能力，更能讓我們給予他人支持。孩子會以大笑、微笑或是活蹦亂跳等方式表現出來，自由、無拘束的發揮想像力。

在這種情緒狀態下，孩子會需要和身邊的人分享他們的情緒，和這些人共享當下的感受。

快樂的情緒會教導孩子生命的意義，並激勵他學習。

31

處理孩子的情緒怪獸

悲傷

　　悲傷是有助於孩子接受失落、離別等狀況的情緒，常以大哭、啜泣或是想要獨處等方式展現，表達自己的痛苦及想被安慰的需求。因此，遇到悲傷的情緒時，孩子會特別需要支持與安慰，可以是自己獨處或是由大人陪伴，讓他充電、平復情緒。

恐懼

　　恐懼情緒來源感受到危險，這種情緒之所以產生，是用來保護自己的防衛機制。在這種情緒狀態下，求生本能會被啟動，孩子會尖叫、顫抖或身體緊繃。恐懼的情緒出現時，需要被安撫或保護。

第一章　情緒，跟大腦發展相關

厭惡

　　人類之所以會有厭惡的情緒，本意是用以避免吃下有毒的食物，以及避免受到某些威脅。厭惡通常也和不公平有關。

　　厭惡是一種反射性的疏遠，孩子可能會有反胃、嘔吐等反應。若孩子出現厭惡、噁心的情緒，需要的是大人尊重他們的口味，趕快停止這種不愉快經驗。

　　例如，小孩可能不喜歡吃某種食物，這時就沒有必要強迫他們吃下去。不過，換種方式準備食物會是一種測試反應的好方法，也能觀察他們對食物的接受度。

驚訝

　　驚訝情緒的產生，是由意想不到的事突然發生所引起的。孩子會以嚇到跳起來或身體僵住動也不動等方式展現這種情緒。

　　驚訝能幫助孩子迅速脫離某種困境，也會刺激孩子，使他們產生好奇心、創造力及注意力。

處理孩子的情緒怪獸

其他較複雜的情緒如：羞愧、尷尬、輕蔑、驕傲、內疚等，多半會在幼兒出生的第 2 年漸漸出現，且會慢慢開始產生感覺。在這個階段裡，孩子會開始擁有「自己是完整的個體，和他人不同」的意識。這些情緒會在孩子的成長變化，以及與他人互動過程中產生，並與不同的情緒混合出現，因此較難以辨認。

情緒產生的 90 秒內，會有以下 4 個階段的發展：

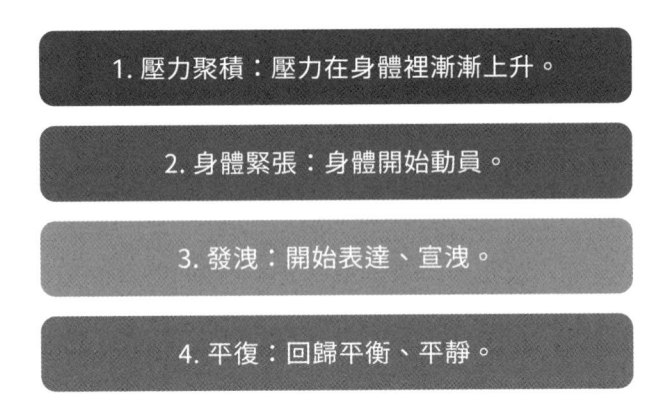

1. 壓力聚積：壓力在身體裡漸漸上升。

2. 身體緊張：身體開始動員。

3. 發洩：開始表達、宣洩。

4. 平復：回歸平衡、平靜。

以下的情緒山丘圖，呈現情緒在這 4 個階段的強度變化：

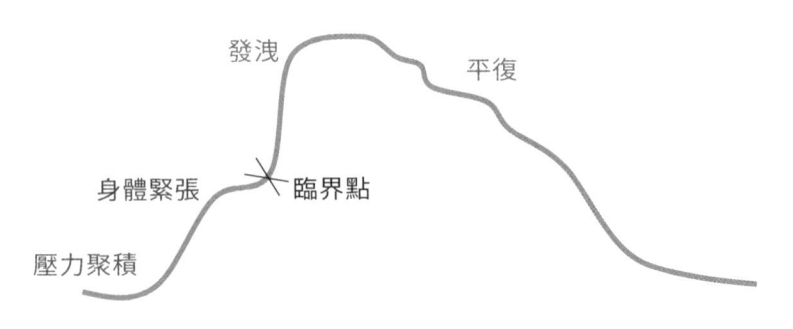

憤怒時會發生的情形

壓力聚積

當孩子感受到危險、挫折或是不公義時發生。這時候,孩子既不清楚自己的內心發生了什麼變化,也不了解自己身體出現的反應。這會使得他們擴大自己的情緒狀態,並形成焦慮。

身體緊張

皺眉頭、拳頭緊握,或是講話越來越大聲,這些都是身體開始緊張的徵兆。這時,體溫會上升、心跳加速、呼吸會變得急促。

發洩

孩子在此階段會有宣洩自己的需求。他這時需要肯定自己、被看待為一個獨立個體,並和他人溝通還未被滿足的需求,展現自己的個人界線。

平復

在平復階段,大人應有耐心,採取關懷、感同身受的態度,專心聆聽孩子的需求。

最後總結一下,情緒能夠幫助我們:

- 適應所處的環境。
- 與他人溝通以及建立關係。
- 滿足我們對於安全感、身分認同及自我實踐的需求。

2. 情緒調節，對孩子來說很困難

在我們出生時，大腦約有 1,000 億個神經元，負責傳導神經資訊。神經元網絡會漸漸形成，並在腦內不同區域發揮特定功能。這時，幼兒的大腦具有可塑性、脆弱、尚未成熟。

小孩並不是小一號的大人，而是正在建構生命的個體！

根據神經科學家保羅・麥克蘭（Paul MacLean）的理論，我們可以將大腦比喻成有三層樓的房子。

一樓是「爬蟲腦」，又被稱作古老的腦，維持我們生命的基本生理機能運作，像是呼吸、心跳等，且會啟動防衛與生存的本能。

二樓是「腦緣」（邊緣系統），也被稱作情緒腦，是我們儲存情緒、記憶的區塊。因為有它，我們可以感受到各種情緒。而當幼兒的大腦足夠成熟時，受皮質所調節的情緒才能被表達出來。

情緒調節對幼兒來說很困難，是由於 5～6 歲以前，大腦的神經連結還未發育完全。這也是為什麼年紀還小的孩子需要父母協助，才能調適自己的情緒狀態。

而三樓的「皮質腦」是掌管智慧和思考的總部，它分為

第一章 情緒，跟大腦發展相關

兩個相互作用的半球。這個區域掌管我們推理、反思、解決複雜難題的能力，負責開發創意、想像力，也負責發展自我意識與他人意識。

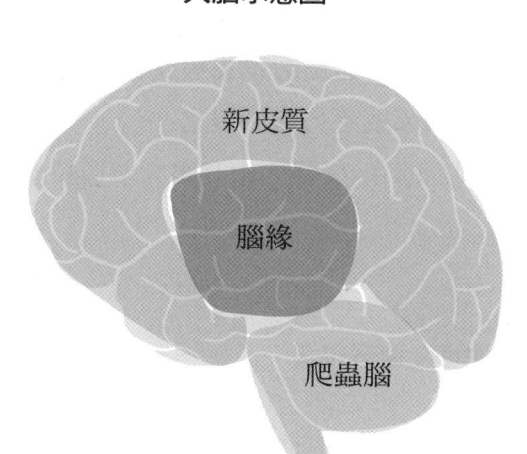

大腦示意圖

新皮質

腦緣

爬蟲腦

新皮質（由大腦皮質演化而來）參與了高認知功能，例如：意識、感官知覺、主要指令、學習、空間認知等。

腦緣的功能，是判斷某件事的發生對我們來說舒不舒服。在調節原始生存本能這部分，腦緣扮演著重要的角色。海馬迴幫助調節情緒，也促進有意識的記憶功能，因此對學習能力有很大的影響。而杏仁核，就是情緒形成的地方。

皮質必須在容易取得資訊的情況下，才能有效處理資

訊。當我們的「情緒大腦」已經滿載，皮質就無法正確執行分析與統整的能力，而這些能力正是能夠解決問題的重要功能。因此，如果能夠減輕腦緣的情緒負荷，皮質更能好好完成它的工作。

我們在遇到危險時會觸發**爬蟲腦**。身體反應會立刻被觸發，例如攻擊反射、逃避反射或驚嚇反射等。人腦的這個區塊，從舊石器時代起就不再有所變化。

大腦成熟期約落在 25 歲，但其實大腦會持續變化。

關於大腦，你可能還想知道：

- 人類約有 22,000 條基因，而人腦總共有接近 1,000 億個神經元。
- 大腦在不同階段的重量：出生時約 400 公克，1 歲時約 1 公斤，5 歲時約 1.3 公斤，到成人時則約 1.4 公斤。
- 智力、感官及運動這三種人體功能，需要靠大腦與脊髓共同執行。
- 大腦被分為兩個主要部分：左半球腦及右半球腦，兩者之間由胼胝體和連合神經纖維相互連接。
- 前額葉也是大腦的重要區域，思考、統整以及創造力等都是出自此處。

第一章　情緒，跟大腦發展相關

人有哪些基本需求？

美國心理學家亞伯拉罕・馬斯洛（Abraham Maslow, 1908-1970）將人類的需求以金字塔方式呈現，因此被稱作**馬斯洛金字塔**（見第 40 頁），其中的需求是互相依存，底層需求若是沒有達到，就無法向上追求更高層次。

一至四層為人類不可或缺的需求，是追求幸福的重要根基。如果沒有滿足相對的需求，會導致顯著的焦躁、壓力，甚至在極端情況下產生心理障礙。

陪伴孩子，如何著手？

幫助孩子了解他的內心正在發生什麼變化，並回應他的基本需求，是**給予他安全感的方式**。在心理及生理層面上提供必要的支持與鼓勵非常重要，這可以使孩子建立扎實的內在安全感。

可以從孩子一出生就開始和他對話，分享你觀察到的周遭事物，並且給予關懷，就能讓他產生安全感。

除此之外，**請向孩子展現你對他的愛與關懷、並仔細聆聽他的聲音**。這也意味著要為孩子設身處地著想，花時間觀察他，也讓他有機會表達自己。

讓孩子探索周圍的環境。小孩需要某種程度上的自主

處理孩子的情緒怪獸

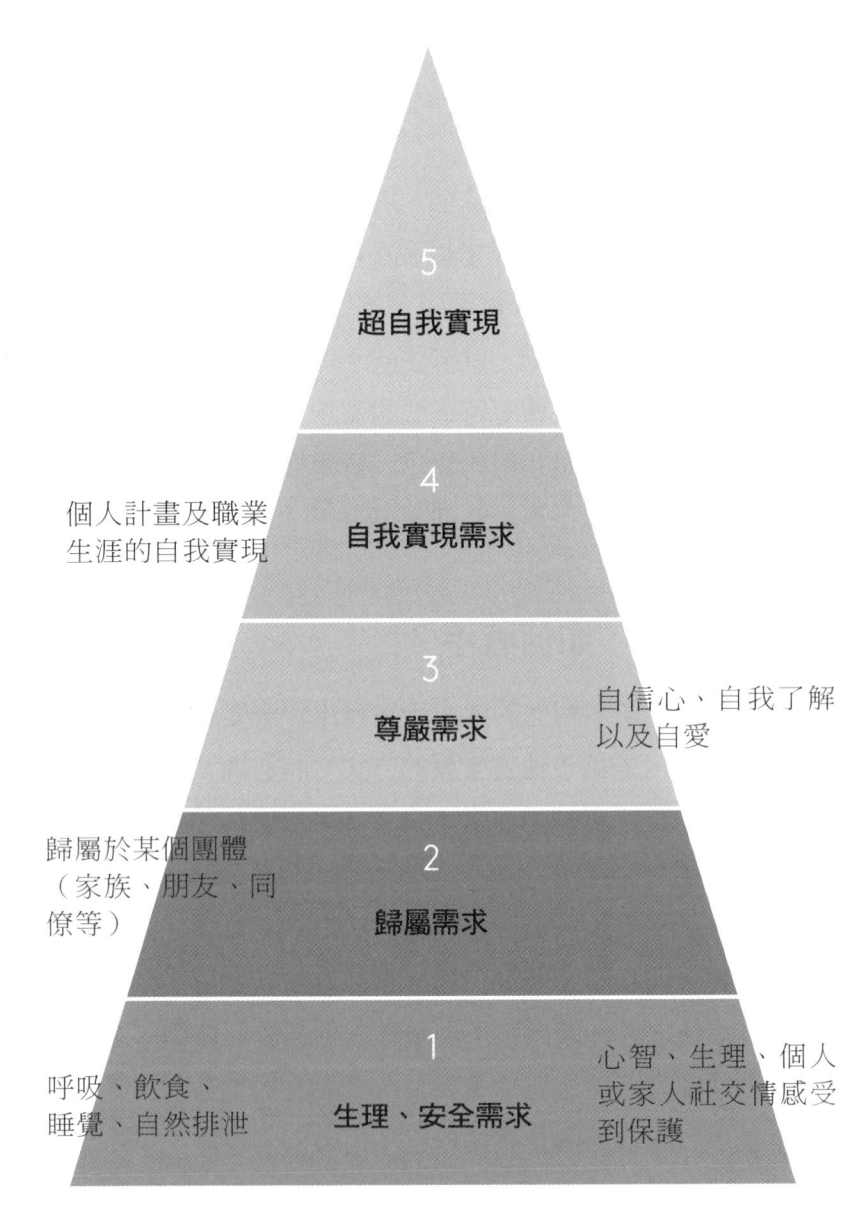

```
                    5
                超自我實現

                    4
個人計畫及職業      自我實現需求
生涯的自我實現

                    3
                 尊嚴需求         自信心、自我了解
                                 以及自愛

歸屬於某個團體       2
（家族、朋友、同   歸屬需求
僚等）

                    1              心智、生理、個人
呼吸、飲食、      生理、安全需求      或家人社交情感受
睡覺、自然排泄                       到保護
```

馬斯洛金字塔

第一章　情緒，跟大腦發展相關

權，以理解他周遭所發生的事物。要讓孩子探索世界，父母必須先對他有信心、允許他在安全的環境下犯錯或跌倒，這樣才能讓孩子更快了解自己的身體運作，並且有能力辨識周遭環境有多麼豐富。

讓孩子感受自己的情緒，以及情緒對身體的影響。幼兒需要多活動、多表達及補充能量，才能有良好的身心狀態。這也是為什麼父母必須與孩子共度優質時光（盡可能排除各種干擾），目的是為了讓他真正覺察自己的情緒狀態。

處理孩子的情緒怪獸

3. 影響大腦發展的荷爾蒙

皮質醇（cortisol）是由腎上腺所分泌的一種荷爾蒙，以一天為一週期釋放到血液中。這種荷爾蒙對人體器官的正常運作至關重要，它能調節我們面對壓力時的反應。同時，它也是大腦的防衛機制，當身體認為受到威脅、危險或壓力時，因為有皮質醇，我們就能快速做出適當反應。

小孩及青少年的大腦對有毒壓力（反覆且強烈的壓力）非常敏感，這種壓力對孩子的發展與健康會造成強烈傷害。

皮質醇如何影響大腦？

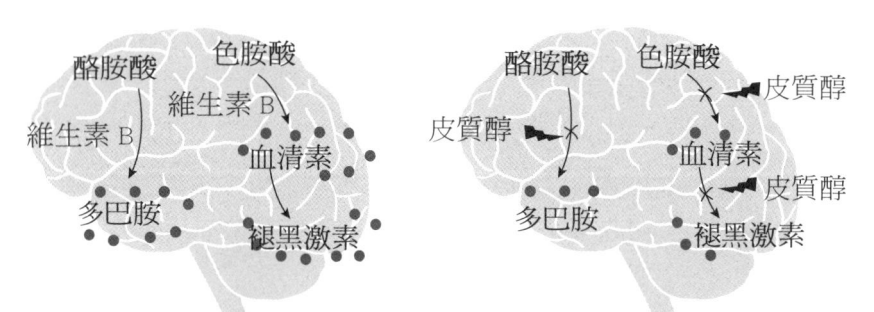

正常的大腦運作
（酪胺酸、色胺酸、維生素 B、血清素、多巴胺、褪黑激素）

壓力狀態下的大腦運作
（酪胺酸、色胺酸、皮質醇、血清素、多巴胺、褪黑激素）

第一章　情緒，跟大腦發展相關

導致孩子感受到壓力的原因有很多，例如：體罰、羞辱、情緒勒索、威脅、情緒創傷、騷擾等。

皮質醇如何影響孩童的大腦發展？

當人有壓力時，皮質醇會破壞髓鞘質（包覆神經纖維的鞘膜，能夠促進神經訊息的傳導），且神經元連接傳導效率也會降低。

- **大腦各層次的神經元遭破壞**。例如，當前額葉皮質神經受損時，會有難以調節情緒、注意力不集中與學習困難的狀況；海馬迴神經元損傷，則會導致記憶困難。
- **大腦整體容量減少**。當大腦被情緒控制時，它會傳達訊息給次要神經系統，從而引起各種激素分泌。

當我們處在愉快、友善的環境中，大腦（大腦皮質）則會分泌催產素，這種激素有助於我們提升自尊心、提升幸福感與動力，並能察覺他人的情緒、養成同理心。**家長雙方給予孩子的關愛，有助於他們體內產生催產素。**

除此之外，還有以下幾種人體內的「幸福荷爾蒙」，以及提升它們的小祕訣：

- **多巴胺**：多巴胺是滿足的荷爾蒙。請時常鼓勵你的小孩，讓他聽喜歡的音樂、肯定他達成的成就，再小的成就都可以。
- **血清素**：做運動或晒太陽都可以增加血清素。
- **腎上腺素與正腎上腺素**：能增加「勇氣」的荷爾蒙。鼓勵孩子自主、自我嘗試，會增加這兩種激素。
- **腦內啡**：能產生幸福的感受。大笑、唱歌、跳舞、玩樂，做一些需要發揮創意的活動、培養興趣等，都會促進腦內啡的產生。
- **褪黑激素**：又稱睡眠荷爾蒙。讓孩子在微弱光線、甚至是全暗的空間中入睡，能夠提升睡眠品質。

此外，大腦的前額葉有著像是機場塔臺一樣的功能，它能協調腦內的各個區域功能發展，若此處運作良好，便可讓孩子將自己的思緒、情緒及行動控制得更好。這些皆對孩子的社交生活、情緒和智力有一定的影響，是其他重要認知功能的指揮官。此外，它們在調節記憶、推理、語言等行為上，也扮演著重要的角色。

一個發展良好的大腦，其執行功能有 4 種重要層面：

- **執行任務的記憶**：能夠記住指令或訊息。

- 自我控制能力：抑制及克制衝動。這個層面還有調節情緒的功能。
- 規畫能力：能預想為了達到目標，需執行哪些步驟。
- 保持心理靈活度的能力：適應新環境與變化的能力。

這些層面可以讓我們了解到，向孩子多次重複指令是很正常的事。但重要的是**維持理解及傾聽的態度**——這是幫助孩子學習的最佳條件。

> **孩子發脾氣，是為了控制大人？**
>
> 　　有時候我們會覺得，孩子突然沒來由的耍脾氣是想要操控我們，但其實不見得如此。我在此想強調，大人常會戴著一副有色眼鏡判斷孩子的行為，以大人的邏輯解讀孩子的行為。
> 　　例如：當孩子因為父母將他留在托兒所時大哭，並不是因為他在胡鬧，而是他只能以大哭的方式，向我們與周遭的人表達他的某項需求沒有得到滿足。由於小孩的大腦尚未發展成熟，當他們正在經歷情緒波動時，是無法「假裝」出某種情緒的。
> 　　前文中曾提過，情緒是一種不受控制的身、心理反應，再加上孩子的大腦仍在成長當中，因此並沒有所謂「以情緒控制大人」這樣的意圖。

4. 這些事不利於孩子正向發展

想讓孩子正向發展，有些事情家長必須避免。以下是綜合許多研究得出，幾項父母親最該避免的事。

父母的某些行為不利於孩子的成長，像是讓他獨自生氣、把他晾在一旁、對他大吼大叫、輕視他的感受、以言語羞辱等。

儘管這些管教的行為，在短期內似乎有效，但長遠看來，會對親子關係產生不良的影響。同時，**也讓孩子認為暴力是解決問題的有效方式。**

這類行為對孩子的整體成長影響甚鉅，尤以大腦裡管理情感的區域「眶額皮質」（orbitofrontal cortex）為重，此區域主要負責情緒調節，掌管同理心、組織思維和行動能力。

除此之外，這種管教方式還會加強負面情緒，**妨礙孩子發展自主能力、學習負責任等能力。**

自 2019 年 7 月 2 日起，法國已經明訂禁止像是打屁股等所有體罰行為。法律也明確指出，教育應該以「沒有任何身、心理及言語暴力」的方式進行，諸如打耳光、打屁股、

言語羞辱、威脅和情感勒索等行為都應被禁止。這些看似不嚴重的行為，會讓孩子處於極度缺乏情感安全的狀態。

> **EXAMPLE**
>
> **實際例子**
>
> 孩子見到祖母時，不想打招呼。我們通常會有以下兩種反應：逼孩子打招呼，或尊重他可以表達拒絕。
>
> 當然，我會建議父母選擇第二種反應。當我們尊重孩子傳達的訊息時，也就是我們接受他說「不」或「我不想要」的權利。如此的經驗也能讓他學到，與人進行互動時，取得對方同意是件重要的事。
>
> 可以根據小孩的年齡與當下狀況，和他對話、溝通，更了解他拒絕的理由。

別攝取過量的糖分

讓孩子吃含有碳水化合物的食物很重要，因為這是身體最能迅速吸收的能量來源。

碳水化合物是身體運作的重要燃料，肌肉及大腦都需要這些能量才能運作。

不過，並不是所有的碳水化合物都是好的，且不應該攝取過量。過量糖分會影響孩子的健康，造成像是蛀牙、睡眠問題和過重等問題，也會影響學習，例如認知遲緩、注意力及記憶力下降等。

法國國家營養飲食計畫（Le programme national nutrition santé，縮寫為 PNNS）針對孩童的飲食建議如下：

- 限制（最好是完全避免）汽水和含糖飲料。盡量讓這些飲料不易被幼童取得，並避免在吃飯時飲用。
- 限制乳製品中的糖分。
- 減少甜食攝取（可以偶爾吃、少量吃）。
- 若要吃麵包、糕點等精緻澱粉，盡量選擇吐司、餐包（成分單純，可適量塗上果醬），而不要選擇烘焙蛋糕或甜點。
- 鼓勵孩子吃新鮮水果或自製蛋糕，減少食用加工的蛋糕甜點。

以下是應該避免的添加糖（在製造過程中額外添加糖）食品：

- 含糖飲料。
- 各類糖果。
- 乳製品的甜點。
- 加工食品。

大腦需要好的碳水化合物（像是較完整或半完整形式的澱粉類食物）及健康油脂（油類、蛋類、堅果等）才能良好運作。購買食品時，也別忘了仔細閱讀營養標示。

3歲以前不要碰螢幕

2018年3月5日,法國衛生署就明確說明,必須減少孩子接觸螢幕的時間。建議非常明確:3歲前不能暴露在有螢幕的環境當中。

不使用3C產品,可以讓孩子改做這些活動:畫畫、玩樂高(Lego)、看書、聽音樂、做瑜伽等。

螢幕對孩子的發展傷害非常大,不但會阻礙孩子的認知發展,耗盡他的注意力,加深孤獨感,也會壓縮到睡眠時間,還會造成情緒難以控制、容易有挫折感。

臨床心理學家莎賓・都弗洛(Sabine Duflo)提出了一套「四不」方法,也就是四個不使用3C產品的時間及場所:

```
         ┌─────────┐
         │  1 早晨  │
         └─────────┘
┌──────────────┐           ┌─────────┐
│ 4 孩子自己的房間 │ 3C產品的四不 │ 2 用餐時 │
└──────────────┘           └─────────┘
         ┌─────────┐
         │  3 睡前  │
         └─────────┘
```

當孩子的生活中少了螢幕後:

- 能更專注在一整天的活動上。
- 和父母的交流更頻繁,並擴增他的詞彙、訓練其表達能力。
- 能睡得更安穩。因螢幕藍光會抑制褪黑激素產生,並延遲自然入睡的時間。

在兒童的心智及生理發展上,睡眠都扮演著極為重要的角色,因為睡眠會影響以下幾個層面:

- 免疫力系統、身心健康。
- 生長激素(因為生長激素是在夜間合成)。
- 大腦成熟度,孩子的情緒管理能力、學習能力和整體發展都與此有關。
- 整體情緒狀態。
- 人際關係品質。

若是睡眠不足,無論短期或長期都會對人體產生影響。根據美國精神科醫生瓦察爾・塔卡爾(Vatsal Thakkar)的研究,有高達三分之一的孩子之所以被診斷為過動,是因

第一章　情緒，跟大腦發展相關

為睡眠調節不良。

孩子在夜間醒來其實很正常，而我們需要考量他的年齡，判斷他需不需要陪伴才能入睡。

不過，父母也不需要因為讓孩子使用 3C 或晚睡而過度自責。如果偶爾和 3 歲以上的孩子一起觀看卡通或是其他節目，請和他們一起享受這個時刻。這樣的寶貴時光，可以讓我們和孩子交流，理解他對世界的看法、感受他的情緒。

螢幕使用時間控制的關鍵，在於讓孩子接觸螢幕的頻率和理由是什麼。

「正在成長中的孩子，尚未具備分析及退一步思考的能力，因此他們無法處理由影像傳遞的情緒。當他們被影像徹底包圍時，看到的東西可能會令他們感到害怕、恐懼，引發焦慮症或是做惡夢。」──卡特琳・貴關（Catherine Gueguen），法國兒童專家博士兼兒科醫生

5. 作息規律，腦子就安定

若想讓孩子的日常生活順利，必須有明確的運作基準點，也就是建立他們規律的作息，以及維持儀式的重要性。

規律作息在孩子的發展過程中極為重要，這能讓他們感到安心，並幫助他們在環境中安穩成長。建立具體的時間表很重要，像是吃飯時間、午睡時間、睡前說故事時間、洗澡時間等。在這樣規律的作息下，他們自然會知道午飯後就是午睡，而午睡後有點心時間。

至於儀式，可以是與孩子的互動，例如在睡前讀故事、唱搖籃曲或是按摩時間。漸漸的，孩子就會在這樣固定的作息中成長，也會慢慢熟悉家庭生活中的儀式。

有儀式感的生活，會讓孩子加倍有安全感。

當然，生活中總有一些特殊時刻，像是有晚餐聚會、家庭旅遊或週末等，會打亂平日的作息節奏。這時，可以花一點時間向孩子解釋這樣例外的變動，也同時留意這些活動對他們的行為是否造成影響。

建立規律作息不僅能幫助孩子在每天反覆的任務中成長，也能提高他的自主性，例如：吃飯前主動洗手，睡前會

先刷牙、換睡衣等。

當作息規律，孩子便知道他一天的行程、知道此時此刻應該做什麼事，這不僅會增加他的自信心，也能培養他自動自發的能力。

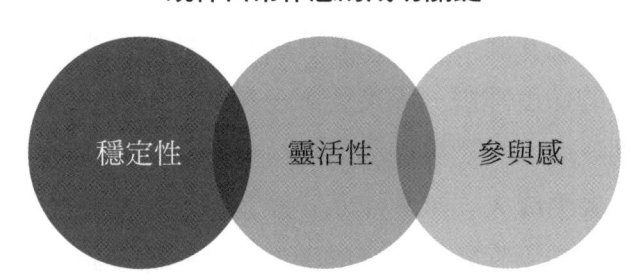

規律日常作息的成功關鍵

穩定性　靈活性　參與感

晚上老是不睡，怎麼讓孩子更好入眠？

睡覺是孩子的關鍵生理需求。

大腦裡負責分泌褪黑激素的是松果體（也稱腦上體）。褪黑激素會在沒有光線的情況下產生，主要作用是調節睡眠與清醒的週期。

而人的夜間睡眠由 4～6 個週期組成，每個週期包含慢波睡眠（深度睡眠）和快速動眼期。

睡眠的週期，會隨著年齡而有所不同。

- 0 至 2 個月：50 分鐘為一週期的循環。入睡→快速動眼期→深度睡眠→進入下個週期或醒來。
- 2 個月至 9 個月：70 分鐘為一週期循環。入睡→快速動眼期→淺睡→深度睡眠→進入下個週期或醒來。
- 9 個月至 3 歲：70 分鐘為一週期循環。入睡→淺的深度睡眠→深度睡眠→進入下個週期或醒來。
- 3 歲至 6 歲：90 ～ 120 分鐘為一週期循環。入睡→淺的深度睡眠→深度睡眠→極深度睡眠→快速動眼期→進入下個週期或醒來。
- 6 歲至成人：90 ～ 120 分鐘為一週期循環。入睡→極淺的深度睡眠→淺的深度睡眠→深度睡眠→極深度睡眠→快速動眼期→進入下個週期或醒來。

而對人體而言，充足睡眠的好處有：

- 促進大腦發展。
- 調節多種荷爾蒙分泌，如生長激素、皮質醇、胰島素以及食慾激素等。
- 提升專注力，加強記憶白天所學到的資訊，強化學習能力。
- 降低罹患第二型糖尿病和成年後得到高血壓的風險。

第一章　情緒，跟大腦發展相關

- 幫助免疫系統再生，讓身體得以抵抗外界傳染病。

孩子不見得能說出自己疲勞、缺乏睡眠，但我們可以觀察，如果有這些疲勞徵兆，就得多留心他們的睡眠：打呵欠、揉眼睛或臉部、躺在地上、動作變得遲緩、需要大人安慰、想待在安靜的地方、過度興奮、哭鬧、需要奶嘴或小被被等。

父母該怎麼做，能讓小孩更好、更容易入睡？以下是我提供給家長的一些建議：

- 睡前安排較靜態的活動。
- 房間內的燈光，盡量調整為較昏暗的非直接光源，最好是暖光。
- 將房間的溫度控制在最高溫 18～19℃（按：此為歐洲的研究結果，臺灣則建議控制在 23～24℃）。
- 進行規律的睡前儀式。
- 避免在睡前讓孩子看螢幕。

年紀較小的嬰幼兒，以下入睡須知家長務必多加留意：

- 讓嬰兒仰躺,避免側睡或趴睡。
- 避免使用床圍、護枕或是毯子。
- 小嬰兒身上不要配戴任何飾品、配件。

若要讓孩子午睡,建議在自然光照射,或窗簾半開的環境下入睡,以免干擾孩子的睡眠節奏。根據研究顯示,2歲半的孩子若下午3點半後仍在睡午覺,應該輕輕喚醒他,以避免晚上難入睡。

父母的大困擾：夜驚和惡夢

夜驚通常出現在入睡初期的深度睡眠階段,可能伴隨著焦慮（心跳和呼吸加快、盜汗）、大叫,甚至驚醒,家長通常難以安撫。不過,這種現象多半會突然停止,孩子會莫名其妙再次睡著,醒來時已不記得發生什麼事。**夜驚通常在4歲前出現,6歲以下的兒童有40%曾經歷過夜驚。**

惡夢則是孩子做了會讓他害怕的夢。惡夢通常發生在快速動眼期（因此多半在清晨）,孩子會因此驚醒。驚醒後、甚至是隔天,小孩都還會記得夢的內容。有時短暫的壓力會導致人做惡夢。

為了幫助孩子更能應對惡夢,可以向他們解釋夢裡的影像是由他們的大腦所產生,而非真實發生的事。

我們可以透過養成一些習慣，改變孩子的睡眠品質，進而減少夜驚和惡夢的發生。像是建立一套固定的睡前儀式，讓孩子在時間上有依據，這能幫助他們放鬆、安定，在入睡前做好準備。

如果你的孩子經常在夜晚情緒不穩定、容易焦慮，就盡量避免講述會讓他害怕的故事（像是大野狼、女巫等）。

此外，睡前一小時內避免使用螢幕，因為螢幕的亮度會讓小孩有精神，反而干擾他入睡。

以下是能夠安撫孩子的句子，提供給你參考：

「你醒來後可以改變夢中的畫面。」
「你有決定夢的結局的能力。」
「有時候，你看到的畫面可能代表著你的情緒，但你可以學會掌控它們。」
「你可以把讓你害怕的畫面畫出來，然後把畫撕掉或丟掉。」
「當我們讀故事書的時候，你可以告訴我哪些畫面會讓你害怕。」

> **睡眠小知識**
>
> 　　所謂「睡上一覺」，指的是有連續 6-8 小時的充足睡眠。不過，3 個月大的嬰兒，只有約 26% 能睡上 6-8 小時；12 個月大時，約有 62% 可以擁有充足睡眠；2 歲以上的小孩則有 75% 可以睡到 6-8 小時。
> 　　嬰幼兒的睡眠型態與大人完全不同。因此父母的睡眠被擾亂、中斷，其實是再正常不過的事。

肌膚接觸，強化孩子的安全感

母親和嬰兒之間的肌膚接觸，可以減少嬰兒 74％ 的壓力激素*，和父親肌膚接觸也有同樣的效果。這種接觸有許多好處，例如：

- 和孩子建立連結。
- 回應他情感和安全上的需求。
- 能幫助他認識世界。
- 使他安定下來，產生安全感。
- 能幫助他調節情緒。
- 向孩子表達我們對他的愛。
- 增加他的歸屬感。

---

*（來源：Modi N, Glover V, Non-pharmacological reduction of hypercortisolemia in preterm infants, Infant Behavior and Development 1998; 21(86), Special ICIS issue）

由於嬰兒的肌肉尚未發育完全，無法支撐自己頭部與背部的重量，生理學抱嬰（le portage physiologique）能提供模擬胎內生活的感官環境，例如：搖晃感、包覆感、心跳聲、父母的聲音及氣味等。

生理學抱嬰或背嬰是根據嬰兒的年齡、肌肉張力、骨盆開合度及認知狀態所設計，符合嬰兒發展的一種攜嬰方式。

正確的嬰兒抱／背法：

- 嬰兒應該保持直立姿勢。
- 呼吸道保持暢通（不要蓋住頭部）。
- 嬰兒的背部要有充分支撐（呈坐姿或蹲姿）。
- 穿著合身的衣服。

不管是早產還是足月，可以從一出生就開始背嬰，且沒有年齡限制。不過，必須根據孩子的身高、體重調整背法。若要正確選擇背嬰兒的方法，首先就要觀察他在你懷裡的習慣姿勢是哪一種。

接著就可以開始挑選背巾或背帶，有許多不同的選擇：

- 機織或手織布背帶。
- 扣環式背巾。

- 背帶包覆式背巾。
- 單肩背巾（如 Tonga 網狀透氣背巾）。

選擇適合的背巾後，還需要再確認嬰兒的身體狀態：

- 脊椎應保持在稍微彎曲的狀態。
- 骨盆需要穩定支撐，從一側的膝蓋窩到另一側膝蓋窩自然張開，符合嬰兒的開腳程度。
- 膝蓋與臀部應同高，或是高於臀部，只要骨盆稍微前傾，脊椎自然成彎曲狀態。
- 手臂最好靠近臉部或和身體併攏。

將嬰兒背在身上這件事，對他的成長發展非常重要，這能幫助他漸漸適應和依附對象的距離感，且有助於往後逐步脫離這樣的依附關係。過程中，有助於孩子理解自己的身體構造以及內外的感知，適應周圍環境。

背嬰可以帶來安穩和放鬆感，也能夠加深親子之間的連結。這樣的互信時刻會深植在孩子的潛意識裡，一直到成年仍有影響力。其實，也不是只有在嬰兒時期才能將小孩背在身上，有時 6 歲或 10 歲的孩子也需要感受被父母「背著」的感覺。

當然,不一定要真正的背著,任何形式的支持與鼓勵帶來的好處也是一樣的。比方說一個安慰的動作、給他一個充滿信任的眼神或說一句勉勵的話,都可以為孩子帶來支持,強化安全感。

這樣的安全感正是孩子在成長、探索世界的過程中,最基本的需求之一,就和其他的生理需求一樣重要。

孩子有權表達拒絕

教育孩子時,尊重、互信、傾聽,以及用非暴力的溝通方式化解衝突,是非常重要的事。

在這樣的教育方式裡,孩子是主動參與的一方。**他有權表達拒絕**,且這種拒絕也會受到尊重。這樣一來,孩子能習得「同意」及「拒絕」的重要性,這將有助於他們懂得傾聽、理解他人的拒絕,也能自我保護。

所謂的「同意」應具備以下幾個特點:

- 沒有受強迫或威脅。
- 明確而不含糊。
- 考慮到個人的能力,是否足以同意某項決定。
- 視每次的具體狀況和行為而定。
- 隨時都有權利更改決定,並撤回同意的意見。

放鬆時刻：按摩

日常生活中的放鬆時刻，有助於孩子恢復精力。可以使用舒壓的草本精油、花草露幫助孩子放鬆。

花草露，或稱作純露，是蒸餾精油過程中所產出水蒸氣冷凝而成的水溶液，其中的精油含量只有 0.2%。不過在使用前，還是要先確保不會引發過敏反應，你可以先在孩子身上的局部範圍（如手腕）滴 1～2 滴做測試。

如果 24 小時內都沒有過敏反應，就可以將純露溼敷在孩子身上，或噴灑在周圍環境。

想找到合適的複合花精，建議向經巴哈（Bach）中心認證的顧問諮詢。巴哈花精不會產生依賴性，最多可以混合 6 種不同的植物花精。但在使用前，仍建議在孩子的手腕內側進行過敏測試。

建議使用方式：準備一瓶 30 毫升有滴管的瓶子，裝入純水後，再滴入 2 滴選好的花精。

除了使用花精（純露）之外，按摩也是一種有效的放鬆方式，這不僅能夠傳達關愛，也能促進親子之間的親密關係。不過，在按摩前，請向孩子確認是否想要按摩。

按摩過程中，可以使用下面幾種植物油：

- 富含維生素 E 的葵花油。

- 富含 omega-3 的芥花油。
- 防蟲且能舒緩肌膚的荷荷芭油（jojoba）。

這些植物油氣味中性，都是可食用油。也建議選擇**有機、冷壓初榨**的油。在使用前也應先進行過敏測試。

幫孩子按摩有許多好處：

- 鞏固親子關係：增加親子接觸、建立情感上的連結。
- 減少壓力：舒緩和放鬆，能減少孩子哭鬧和緊張感。
- 刺激身體機能：釋放腦內啡（幸福荷爾蒙），有利於建立安全、信任及放鬆，並能促進血液循環、神經發育、感官覺醒和身體覺察。
- 增進整體健康：減輕腹痛、強化免疫系統、舒緩肌肉緊繃。

EXAMPLE 該怎麼挑選？

想讓孩子放鬆，可以選擇橙花柑橘、羅馬洋甘菊或是狹葉薰衣草的純露。
巴哈花精有多種功效，其中有一些可以幫助孩子整理情緒狀態，尤其是以下這幾種：
・櫻桃李：幫助人控管憤怒情緒。
・溝酸漿：克服恐懼，像是怕黑。
・岩薔薇：克服極度恐懼的狀態，像是夜驚。
・聖心百合和柳樹：可以用在搬家、分離的過渡期。

處理孩子的情緒怪獸

「炒蘿蔔炒蘿蔔切切切……」手指歌謠

邀請孩子一起唱誦手指歌謠,玩觸覺遊戲:

炒蘿蔔,炒蘿蔔,(輕輕用手指和掌心觸碰孩子的背部)
切,切,切!(用小指那側的掌緣,在孩子背上輕輕做出剁的動作)
包餃子,包餃子,(作勢將五指包覆在手掌中)
捏,捏,捏!(然後輕捏孩子的肩膀、背部或是手臂)
汽車來了,(雙手比劃出旋轉方向盤的動作)
叭叭叭!(用手掌輕拍孩子的背部或手臂)
火車來了,(雙手比劃火車前進的樣子)
嘟嘟嘟!(用手肘輕觸孩子的背)
好孩子,好孩子,
頂呱呱!呱~(用拇指輕按孩子)

繪畫與塗色,恢復內心平靜

畫圖能幫助孩子釋放想像力,讓他們更專注於自己的感受。這是一種幫助他們恢復內心平靜的方式。

我們可以為孩子提供曼陀羅著色本。曼陀羅(mandala)的意思是「圓心」,在許多文化裡,會使用以圓為中心的圖

第一章　情緒，跟大腦發展相關

（可將本頁影印供孩子著色）

65

案進入冥想。曼陀羅的來源起初是以彩色的沙子繪圖，完成後會將沙子吹散，象徵人生無常、生命變化萬千。

- 為什麼要以曼陀羅著色？
  曼陀羅可以幫助孩子集中注意力、穩定他們的能量。這能夠讓他們靜下來，把時間專注在自己身上。
- 如何使用曼陀羅？
  你可以在書店購買，或從網路上下載、列印出來，將曼陀羅和色鉛筆一起放在一個盒子裡。甚至，你也可以和孩子一起合作畫出屬於自己的曼陀羅。

EXAMPLE

建立睡前儀式

想陪伴孩子入睡，睡前的每個步驟都是放鬆的關鍵。一旦有了一套睡前儀式，孩子在睡前會更心安。
同時，你也可以訓練他自動自發完成睡前準備。

睡前儀式

第一章　情緒，跟大腦發展相關

　　如果你覺得剛剛所讀到的內容，讓你感到有點壓力，請放心，我們都是不完美的父母，不完美之中也蘊含著美。最重要的是，要怎麼進步、變得更好。不管你完美父母，孩子愛的都是真實的你！

　　唯有勇於嘗試、犯錯，我們才能學習和成長。你的不完美能讓孩子明白「每個人都會犯錯」的道理，身為父母的你也會犯錯，因此，你也不妨給孩子犯錯的機會。

　　人生本來就是有起有落，作為父母，並不是無時無刻只有幸福；會有懷疑、有恐懼——這些都很正常。

　　成為父母，並不是與生俱來的技能，是慢慢的透過嘗試、觀察和傾聽自己而來。

　　幸福的來源不只是登頂的結果，而是向山頂攀爬時所經歷的感受、所看到的風景。

6. 破解關於大腦的刻板印象

以下是關於大腦的 6 個錯誤的刻板印象，你或許都有聽過，讓我來告訴你是怎麼回事：

迷思一：6歲定一生

儘管我們絕大部分的大腦神經元，在出生時就已經生長完成，但不管我們年紀多大，大腦仍然會持續發展和變化。

認知發展是前攝的，有進展、停滯及倒退三種階段。在我們的一生中，某些時期腦部較高可塑性，在這些時期學習，腦神經的可塑性較大。

也就是說，大腦神經的可塑性在人一生中其實都一直存在，只是程度不一。

不過，我還是必須強調，在孩子剛出生的那幾年，是發展與成長的關鍵時期，不管是就現階段發展而言，還是對他將來要成長為成人而言，這都是一生發展最重要的基礎。

第一章 情緒，跟大腦發展相關

迷思二：左腦人還是右腦人

我們經常聽到「左腦掌管邏輯思維能力，右腦掌管創造力」，這樣的說法在生物學上其實並沒有科學根據。每個人都有屬於自己獨特的學習方式，有的人屬於視覺型，也有的人是聽覺型或動覺型。目前沒有任何研究顯示，學習者的學習方式和學習方法、記憶效率之間存在一定的關聯。

迷思三：男生的數學能力比女生強

社會學與腦神經科學研究明確顯示，性別與數學能力表現之間沒有任何相關性。如果女生對數學展現出興趣缺缺的態度，其原因肯定和神經生物學沒有相關，而是跟性別刻板印象的文化因素比較有關。

迷思四：我們具有多工處理的能力

會有這樣的刻板印象，是因為大腦已經自動化我們的一些日常行為。日常無意識下所做出的行為、舉動，如同反射動作一樣自如，是因為這些行為需要的注意力資源較少，大腦已經習以為常，且能自動執行。

其實，人類的大腦很難同時將注意力分配到多個任務之

上。人在同時執行兩件需要注意力的活動時,其中一項的完成度一定會比較差。

事實上,所謂的**多工處理**,只不過是快速的在不同任務之間切換而已。

迷思五:人類目前只開發了10%的大腦潛能

這個觀念在我們的社會中根深柢固,但在科學上完全沒有根據。

人類大腦內的所有神經元皆有其用途,並不會全部同時活躍。我們透過腦成像技術顯示能夠得知,人處於休息狀態時,也有超過10%的神經元在活動。此外,一旦我們受到感官刺激,大腦結構及許多個神經網路能大約在1,000毫秒(即1秒)內啟動。

另外,人體需要不斷有供應能量,才能持續運作,所需能量也會隨著人體產生的能量而增加。某些科學研究顯示,成年人的大腦每日使用量,大概占人體產生能量的20%,幼兒大約是50%,而嬰兒是60%。

所以,現階段並沒有任何科學研究能精準測定人類的大腦認知能力。一般認為,除非某些神經連接受損,否則我們的大腦用量遠遠超過10%,且一個人在沒有任何腦部損傷的情況下,會全面運用所有神經元。

迷思六：荷爾蒙不會影響大腦結構

荷爾蒙對我們的行為舉止當然有影響。荷爾蒙波動，不但會改變人的情緒狀態和思考方式，還會影響大腦結構。

神經學家發現，女性的大腦結構在生理期中會產生明顯變化。女性情緒之所以有所起伏，是因為在大量分泌黃體酮的黃體期，荷爾蒙變化會引起焦慮，甚至於產生憂鬱症狀。

另外，根據數據顯示，女性在月經來臨前，容易犯下對孩童施暴的犯罪行為。至於男性的生理週期，是以 24 小時為單位，且會因季節有所差別。一般來說，由於到了傍晚睪固酮分泌會下降，因此男性早上的精力會比傍晚的精力還多，男性的衝勁及攻擊性在早上會較為明顯*。

---

* （參考資料：Côté cœur, *côté sexe : l'art du bonheur à deux*, Sylvain Minoun, Albin Michel, 2014.）

處理孩子的情緒怪獸

第一章總結

- 人的大腦在 25 歲後才會健全成熟。不過請放心，25 歲以後，大腦還是會持續且緩慢的發展。
- 當孩子鬧脾氣、無法控制自己的情緒時，表示他正在經歷「情緒風暴」，需要的是理解、陪伴和關愛。
- 情緒的產生是正常且自然的現象，必須表達出來。情緒可以是複雜、混合的。表達情緒可以讓人從情緒裡釋放，反之，壓抑則會讓我們喘不過氣。
- **接納孩子的情緒，並不代表他做出任何行為都可以被允許**。這時候，我們可以向孩子解釋：「你可以表達你的情緒，但你剛剛在家裡的行為表現是不對的。」等到他的情緒平復後，再和他討論剛剛發生的事情，並分別釐清哪些是屬於他的行為、哪些是情緒上的經歷。
- 孩子較沒辦法理解否定句，以「正向肯定」的溝通方式，**更能讓孩子理解你說的話**。將重點放在行為，例如你希望他停止某個不當的舉止，可以說：「停下來，說話小小聲就好。」或「停下來，慢慢走就好！」
- 向孩子分享自己的情緒經歷，和他解釋如何處理自己的情緒，保持耐心，同時釋出善意。在教導孩子注意自己的行為、處理自己的情緒反應時，記得要有依據、穩定，

還有維持一致性。
- 創造活動、釋放精力的機會,有助於小孩釋放情緒。
- 向孩子提議一起做一些活動,藉此和他們交流。像是玩遊戲、讀故事書或進行一些你和他都喜歡的活動,鼓勵他主動嘗試和探索。

情緒沒有好壞,也沒有所謂的正面或負面情緒,只有令我們感到不舒服(不愉快)或舒適(愉快)兩種情況,而這取決於我們正在體驗的情境。

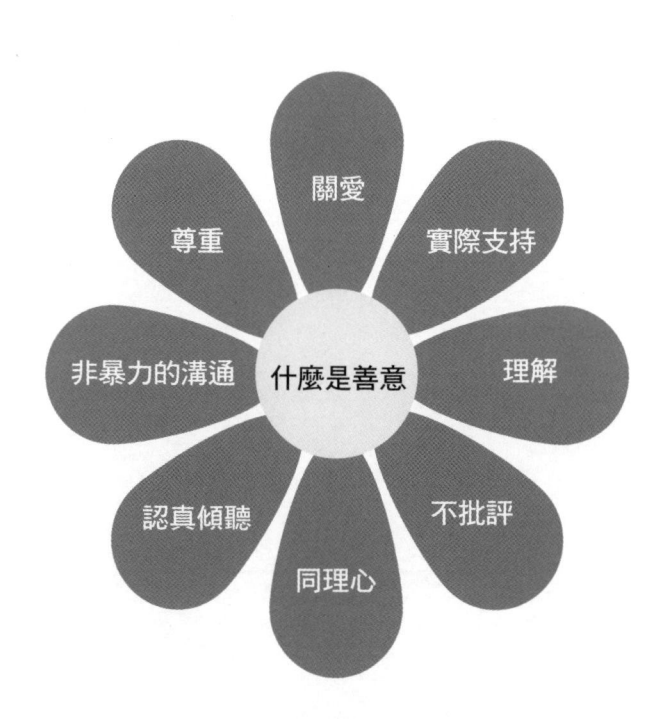

什麼是善意

- 關愛
- 實際支持
- 理解
- 不批評
- 同理心
- 認真傾聽
- 非暴力的溝通
- 尊重

情緒練習本

在實際練習和情緒相處之前,溫馨提醒此篇分為兩大部分:

1. 給父母的沉澱反思:這些活動是專門為你設計,幫助你理解前述的理論。
2. 處理孩子的情緒怪獸:這些是你可以和孩子一起進行的小活動,像是手作活動,或一起做瑜伽和冥想等,也可以為他講小故事。

　　唯有透過感受我們所正在經歷的、理解正在發生的,並學習如何處理,才能獲得扎實的經驗。

給父母的沉澱反思

①現在,請回想一件讓你不愉快的事情,在下欄記錄你當時有印象的感受(身體狀態、呼吸、顏色或是氣味等)。接著,再想想看一件令你愉快的事,並做同樣的紀錄。

....
....
....
....

②接著請回想一下,你的孩子有哪些行為讓你最受不了?描述當時的狀況,並寫下在那當下你的反應如何。

描述一下狀況 (在什麼時候、什麼事情、地點和頻率)	
我平常的反應是……	
這樣的反應成效怎麼樣?	
能不能有不一樣的反應?	
這樣有沒有成效呢?	

③當你感覺到情緒波動時,可以進行下面的呼吸練習,請重複 4 次。

吸氣:慢慢吸氣,同時數 4 下。

呼氣:數 4 下,同時慢慢吐氣。

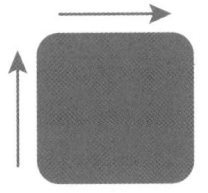

你也可以拿一張正方形的紙,和孩子一起練習,一邊數、一邊轉動正方形的紙。這樣簡單又有效的方法,能幫助你和孩子平復情緒,恢復冷靜。

除此之外,每天晚上,你可以在筆記本寫下當天讓你心存感謝的 3 個時刻:

- 和孩子相處的時候……
- 和伴侶一天相處下來……
- 和自己一天相處下來……

試試看,持續寫兩週的感恩日記,直到它變成習慣,你會感覺身心健康有所改善,變得更加樂觀,也感覺更有能力克服生活中的挑戰。

④如果你經歷情緒不愉快的狀況,你可以將其記錄下來,並以下列 4 個問題反思:

- 當我遇到這件事時，身體的感覺如何？

  ....
  ....
  ....
  ....
  ....

- 我感受到了什麼？（例如：快樂、憤怒、悲傷……）

  ....
  ....
  ....
  ....
  ....

- 哪些是事發原因？

  ....
  ....
  ....

- 我可以採取哪些行動讓自己好一點？

....

....

....

⑤如果遇到孩子生氣、鬧脾氣時，試試看以下的方法：

- 保持冷靜，沉默。
- 花幾分鐘做吸氣、吐氣練習。
- 如有需要，可以先遠離現場。

接著，你可以試著換個角度：只陳述事實，以冷靜的語氣探討行為本身及其後果。

EXAMPLE 實際例子

「你打妹妹，她會痛。你看看，她在哭。」
說明事實之後，請馬上轉移話題或做其他事情，不再解釋或教訓。

> **簡單來說：**
> 孩子生氣＋父母生氣＝**情緒爆發**
> 孩子生氣＋父母冷靜＝**可逐漸化解憤怒**

處理孩子的情緒怪獸

如何表達情緒？

讓孩子學會掌控自己的情緒，可以採用情緒單字表：

情緒強度	快樂	難過	生氣	害怕
高	異常興奮 興奮 激動 亢奮	絕望 崩潰 沮喪 悲傷	憤怒 反感 惱怒 怒火	驚慌 害怕 恐慌 恐懼
中	樂觀 快樂 開心 喜悅	受傷 痛心 傷心 不快樂	挫折 不滿 氣惱 焦躁不安	擔心 煩惱 焦慮 畏懼
低	高興 滿意 愉快 自在	迷惘 受影響 覺得抱歉 小失落	煩躁 不耐煩 煩悶 緊繃	憂心 懷疑 掛念 緊張

情緒練習本

表達情緒：

我
我感覺　｝　＋ **情緒** ＝　（例）我開心／我感到開心
我感到

可以將這個公式套在複雜的情況使用，例如：

當我＋遇到某件讓我產生情緒的事，我感到＿＿（哪種情緒），我需要＿＿（如果原因或後果馬上在腦海浮現）。

EXAMPLE 實際例子

「當你離開卻沒有告知我，我感到難過；我需要你給我個擁抱，這樣我才能安心。」

「當我們在中庭玩耍時，你推我，讓我很生氣。我要你停下來，因為我有可能會受傷。」

安撫百寶箱

可以讓孩子擁有屬於自己的百寶箱，將所有會讓他感覺安心、幸福的物品，都放進這個盒子裡（例如：一隻絨毛玩具、一張卡片、一件衣服、一個句子、一本書等）。

你也可以和孩子一起寫便利貼（或將色紙剪成不同形狀），在上面寫下他的成功事蹟，或是讓他感到快樂或驕傲

的瞬間。當他覺得需要安慰時,便可以打開百寶箱,拿出裡面的小物,回顧那些正面的回憶。

情緒溫度計

準備一張卡紙,和孩子一起將一週的情緒變化做成表格(請盡情發揮創意)。

當這個道具完成後,你可以請孩子說出自己當下的情緒狀態,協助他對應相對的區域。接下來,可以利用這樣的道具回顧過去某些情境,把這個當作是親子之間情感交流的輔助道具,幫助孩子更了解自己的情緒。

- 😊 綠色區域:情緒平穩,樂意合作。
- 😐 黃色區域:情緒低落,但仍可配合。
- 😟 橘色區域:無法再承受外界情況,身體會變得緊繃。
- 😢 紅色區域:表示「太遲了」,已超過忍耐極限,需要釋放情緒。

讓孩子想像自己的呼吸

若想讓孩子了解自己是如何呼吸,可以給他看一顆氣球

膨脹、收縮的樣子,或是用你的手比出收縮、展開的樣子（雙手手指相互貼近,再疏遠）。

吸氣時,抬頭挺胸,感覺身心都在擴張與外界連結,向世界敞開胸懷。

吐氣時,輕輕吐氣,將注意力轉回內心。

原生情緒表現

憤怒

將生氣的情緒比喻為火山，可以幫助孩子意識到自己情緒累積和升高，最終爆發。在孩子的憤怒爆發之前，通常會經歷一些讓他們感到挫折、不滿或是不安的情境，而這些都是即將來臨的「火山爆發」前兆，通常會出現一些警訊。

當孩子出現生氣、憤怒的情緒，家長可以做以下的事：

- 仔細觀察孩子的情緒變化。
- 耐心聽他講述生氣的理由。
- 幫助他表達他受挫的心情。
- 等情緒過後，再一起好好談談。

此外，你也可以使用以下幫助孩子管理、發洩憤怒情緒的小道具：

- 憤怒抱枕：讓他將情緒發洩在一個特定的抱枕上。
- 減壓球：揉捏減壓球以釋放壓力。
- 有重量的絨毛玩具：放在肚子上，能創造安心感。

認識情緒小活動

- 情緒小屋：為孩子打造一個他感到安全的空間，他在裡面可以獨處、冷靜。
- 當憤怒的情緒開始慢慢上升，請孩子說出能使他冷靜下來的句子，例如：「暫停一下，深呼吸——吸氣——吐氣——。」

活動：理解生氣的火山爆發體操

身體打直，雙腿併攏，將雙手放在胸前。

從鼻子深吸一口氣，同時慢慢將雙手舉向空中。想像火山的岩漿開始往火山口上升，直到山頂（頭頂）。

當手舉到最高的時候，腳打開跳起來，然後把雙手貼到大腿上。跳起來時從鼻子吐氣，氣要吐到底。若有需要，可以再多做幾次。

如果能夠花點時間觀察和辨別憤怒情緒累積的過程，能幫助孩子懂得在情緒失控前管理與控制。

悲傷

當孩子悲傷時，可以詢問他是否需要一個擁抱，或讓他抱著喜歡的玩偶。這時，可以告訴他這種情緒是正常現象，並幫助他表達感受：

「我發現，你的內心好像發生什麼事了，需要跟我聊一聊嗎？」

「你難過到哭哭，是因為你的心都揪在一起了。」

告訴孩子你懂他的感受，如果同樣的事發生在你身上，你也會有相同心情。盡量把討論的重點放在解決方案之上，而不要檢討問題出在哪裡。

有時，孩子可能不會明顯表現出難過的情緒。所以，家長要隨時注意，看看孩子的行為有沒有出現什麼變化。

活動：對抗難過的練習——鯨魚與船

　　時間長度：5 分鐘或以上。

　　選擇一個鋪著舒服墊子或柔軟的地方坐下，輕輕閉上眼睛。請孩子雙手環抱自己，輕輕、慢慢的左右擺動上半身，緩緩的吸氣、吐氣（重複 3 次）。

　　接下來，請你以口頭指令，帶領孩子完成練習：

　　「現在，在腦海想像一艘船。」（你可以問孩子問題，引導他想像，例如：你想到的這艘船是什麼顏色的？天氣怎麼樣？有沒有聞到什麼味道？有沒有聽到什麼聲音？）

　　「接著，你想把哪些可以安慰你的東西放在船上？」

　　「我們繼續平穩的吸氣──吐氣──。」（重複 2 次）

　　「現在，想一想有沒有什麼東西讓你覺得難過，不想要了，想扔到海裡的呢？」

　　「好，現在可以把它們丟掉了。」

　　「我們繼續吸氣──吐氣──。」（重複 2 次）

　　「你看剛剛丟掉的東西，飄在水上，越來越遠、越來越遠，漸漸消失了。」

　　「吸氣──吐氣──。」（重複 2 次）

　　「感受一下太陽光照在皮膚上的感覺，很溫暖，現在你就像風一樣輕飄飄的。」

（如果孩子在練習過程低下頭，可以請他把頭抬起來，並引導他想像小船旁邊有游泳的魚群和鯨魚跟在他身旁。）

快樂

快樂是一種值得所有人培養的情緒：與孩子一起玩耍，或共同完成一項任務，享受當下的時刻。讓他自由探索，並學會放鬆，和家人一起歡笑。

快樂能讓我們感到充滿生命力，代表與他人的交流和環境產生了連結。快樂也會充滿整個內心，帶來歸屬感。

活動：快樂練習──流星雨

時間長度：約 3 分鐘，可以做 2 次。

請你以口頭指令，帶領孩子完成練習：

「輕輕閉上眼睛。」

「想像自己被天上的星星團團圍住，由下往上，從腳到小腿、大腿、肚子、手臂、頭，感受這股星星的溫暖慢慢充滿全身。」

「用鼻子吸氣，讓你的肚子慢慢鼓起，把一隻手放在肚子上，能夠感覺到肚子脹起來。」

「再來憋住呼吸，數到 2，輕輕的向左和向右轉動頭部和手臂。」

「轉動時，想像你的頭髮和手上都灑滿了五顏六色的星星，而且每轉一次，這些星星就會咻──的飛向太空。」

「現在，用嘴巴輕輕吐氣，將兩隻手放在胸口上。」

處理孩子的情緒怪獸

恐懼

孩子的害怕情緒,一般來說有以下 3 種:

1.發展性恐懼

「媽媽,可以不要關燈嗎?我怕黑。」

對大多數的孩子而言,想像和現實並沒有區別。有些孩子會以為怪物與女巫真的存在。

2.模仿恐懼

孩子像海綿一樣,會大量吸收情緒、模仿父母的態度和行為。比方說,當父母看到昆蟲,表現出極度恐慌時,孩子看到了也會對昆蟲產生相同的恐懼。這種情緒具高度傳染力,也就是說,孩子會將父母的恐懼內化為自己的恐懼。因此,身為父母需

要留意，盡量避免將自己的焦慮傳遞到孩子身上，像是害怕他人的看法、分離的焦慮、對疾病和死亡的恐懼等。

3.其他後天產生的恐懼

「你尖叫時會讓我很害怕。」

「我害怕動物，因為牠們很凶猛。」

請接納孩子的想法、試著和他交流，以了解這些恐懼的來源。

孩子的某些焦慮可能源自缺乏自信和自我評價低落。這時，請讚賞和鼓勵孩子的努力，這可以增加他的自信心，幫助他克服恐懼。

不過，無論是哪一種恐懼，最好的方法都是陪在孩子身邊，找出適當的對策，幫助他戰勝恐懼。

活動：克服恐懼練習──勇士的防護盔甲

請你以口頭指令，帶領孩子完成練習：

「閉上眼睛，用鼻子輕輕吸氣──吐氣──。」

「將手掌放在頭髮上、慢慢順著頭髮滑下來，經過眼

睛、臉頰，滑到肩膀時將雙手交叉，然後滑到肚子上。」

「想像剛剛做過的動作，變成你的盔甲防護罩。無論你遇到什麼樣的冒險，都能好好保護你、守護你。」

「吸氣——。在空中，用兩隻手臂從頭頂到肚子下面畫兩個大圈。很棒，這樣我們的防護罩就完成了。」

「接下來，把兩隻手臂貼緊身體兩側，接著從嘴巴用力吐氣，想像你的害怕跟著吐出來的氣一起被吹走，害怕就會消失了。」

活動：魔法石頭

準備一塊石頭（可以是在海灘或是樹林裡撿的石頭，也可以準備一顆粉水晶），在使用之前，讓孩子自己清洗這塊石頭。

接著，讓他拿著這顆石頭。請你以口頭指令，帶領孩子完成練習：

「輕輕閉上眼睛。」

「輕輕的吸氣——吐氣——，把這塊魔法石頭放在任何你感覺害怕的地方。繼續慢慢的吸氣——。」

「很好，你的害怕正慢慢的跑到石頭那裡。」

「手心有暖暖的感覺，就表示這塊石頭正在保護你。」

認識情緒小活動

「繼續吸氣——吐氣——，多做幾次，讓這塊魔法石頭慢慢吸收你害怕的情緒。」

「繼續吸氣、吐氣，覺得好多了的時候，再來找我。」

當孩子平復情緒後，問他：「現在你感覺怎麼樣呢？」

接著，你可以提議孩子把這塊石頭拿去沖水洗乾淨，以淨化、消除剛剛的恐懼。

透過這個簡單卻很有效的具體化學習，能幫助孩子將自己的恐懼、害怕具象化，並透過想像和冥想釋放情緒。

最後，請他把這塊石頭裝進百寶箱，當他需要的時候可以隨時拿出來用。

厭惡

小孩可能對你說過：「我不喜歡小黃瓜，味道很噁心。」

如果孩子不喜歡吃某種食物，產生厭惡的情緒，最好不要繼續強迫他吃。不過，我們可以繼續煮這道菜，在孩子面前吃，表現出你覺得很好吃的樣子。也許某天他會好奇、想再吃吃看。

活動：重新愛上這個味道──食物盲測遊戲

這個小遊戲可以讓孩子探索不同食材的味道和口感，或是將同一種食材以不同方式料理（切成塊狀、搗碎、磨碎或是變成流質狀）。透過這樣的方式，能讓孩子發現各種不同的味道（酸、甜、苦、辣等）。

你也可以根據孩子的年紀和興趣，讓他們閉著眼睛盲測，增強感官體驗。

此外，還能透過食材的照片或玩具廚房，跟孩子玩扮家家酒，提升他在這個探索過程中的體驗，讓他將嘗到的味道和食材相互連接。

當你在切食材時，可以準備一個食物的原型擺在旁邊，讓孩子觀察它，這可以讓他對食物有更深入的認識，且有參與感。

為了增加遊戲的趣味，可以跟小孩在家裡一起玩蔬果尋寶遊戲：

① 將4、5種蔬果藏在廚房或飯廳裡。
② 讓孩子將它們找出來。
③ 把找出來的蔬果放在一個大容器中。
④ 接著開始舉辦「蔬果品嘗大會」。舉例而言，可以將找到的食材做成蔬菜汁（紅蘿蔔、黃瓜、綠色蔬

認識情緒小活動

菜等），罐裝的粉狀食物則加入料理（杏仁粉、椰子粉、糖、鹽、胡椒或是香料等）。

驚訝

孩子可能因為突如其來的不尋常聲音，而受到驚嚇。這種驚訝狀態可能會讓他感到不舒服，但也有可能相反，是正面、愉快的。而遇到不尋常情境時的反應，因人而異。

驚訝屬於一種主觀情緒，和每個人的生活經驗有關。所以，即使是同一件事，每個人會產生不同的反應。

驚訝是一種短暫的情緒狀態，通常只會持續幾秒鐘，對我們的日常行為影響較小，和那些持續較長時間的基本情緒不同。

其實，驚訝狀態是給人調整自己行為的契機，目的是讓人能採取最適合的應對方式處理突發狀況。

因此，我們應該花時間傾聽孩子所經歷到的事、接納他們的情緒，並表達我們重視他這些情緒經驗。

95

活動：放慢節奏練習──世界那麼大

多讓孩子體驗與平常不同的事，因此以下有幾項戶外活動建議：

① 享受陽光：讓孩子閉上眼睛，感受陽光的溫暖。
② 喚醒感官：到公園或草地散步，可以喚醒孩子的感官。像是聞聞花香，用手摸花圃、圍牆、樹木等各種材質，仔細聽街上的聲響，觀察雲朵及星星等。
③ 觀察自然：買一副望遠鏡，與小孩一起在自然中觀察昆蟲、鳥類，或看看遠方美景。
④ 感受天氣：外出散步，讓孩子體驗風吹在頭髮、皮膚上的感覺，或是雨滴滴落在身上的感受。
⑤ 體驗溫差變化：天冷的時候外出，請孩子對空中呼氣，呼出來的霧氣可以讓他看到，自己身體內是有空氣流動的。

認識情緒小活動

複雜的情緒表現

驕傲

「爸爸你看！我成功了！我走了 1,000 步！」
「好棒喔！你做到了！為你自己感到驕傲！」

告訴孩子你看見了他的勇氣、耐心和過程中的努力，稱讚是非常重要的事。

活動：自信驕傲的練習——袋鼠跳

請你以口頭指令，帶領孩子完成練習：

「你是隻開心又有自信的小袋鼠。」（也可以讓孩子選擇他喜歡的動物：兔子、蚱蜢、跳蚤等）。

「數到三，跳起來跳到最高、雙手往天空舉起來！唷呼！」（動作重複 3～4 次）

「小袋鼠！你真是太厲害了！你可以為自己能跳那麼高，而感到驕傲喔！」

提醒：家長請盡量使用「你可以為你自己感到驕傲」，而不是「我為你感到驕傲」，這樣才能讓孩子成為自己成功經驗的主角。

嫉妒

「媽媽，妳都只跟妹妹在一起……妳還愛我嗎？」

孩子會認為世界以他為中心運轉，難以理解他人的需求，所以產生嫉妒的心情是很正常的。這種感覺會讓他產生困惑和內疚感，對家長來說這種情緒較難處理。因此，若能夠理解孩子的嫉妒，也就是不安的來源，是很重要的事。

這時，能安撫孩子就是關鍵。

其實，每個家庭成員都有屬於自己的位子。嫉妒通常和孩子害怕失去關愛有很大的相關性，有些情況則是擔心自己不如他人，或是和他人不同。

這時，如果能讓小孩知道我們會一直在他身邊，對他的愛永遠不會變，孩子善妒的狀況通常就能改善。告訴孩子：父母對他們的愛不會因分割而減少，而是會因分割而倍增。

活動：安心練習——無尾熊抱抱

首先，先畫一個愛心代表父母的愛，接著在心形裡畫另

認識情緒小活動

一個愛心代表孩子,另一個代表他的兄弟姊妹。若孩子年紀較大或理解能力較好,你可以讓他自己畫愛心,以便我們了解他在家中的自我定位和感受。

這項小練習旨在讓孩子明白,父母的愛會擴大、增長,且每個家庭成員都會得到足夠的愛。

再來,請給孩子看時鐘或手錶,向他解釋一天時間的流逝,並說明一天是由日出和日落所定出的。接著告訴他,父母在一天當中,需要將有限時間分配給家裡每一個人。

最後,將孩子抱在懷裡,像無尾熊一樣肚子貼肚子,將他完全包住。輕輕的呼吸,維持這個姿勢,時間長短由你們決定。在這個無尾熊抱抱時間裡,也可以唱歌給孩子聽。

如果你的孩子不喜歡身體接觸,可以改用兩顆海綿球在他背上間接按摩,從腰部畫一顆小愛心,背部畫一顆中的愛心,最後用球畫出一顆整個身體範圍的大愛心(從尾椎出發,向

上到肩膀,然後沿著肋骨向下,再向上到肩膀,最後向下回到尾椎)。依孩子的需求,畫愛心動作可重複 3 ~ 4 次。

失望

「這個拼圖好爛!我拼不起來!」

「讓我看看——哇,你已經拼完一半了,真厲害!這裡還有什麼?是恐龍的頭嗎?」

「媽媽你看!我找到另一個部位了!」

跌倒,再爬起來,是學習成長的一部分。身為父母最主要的責任就是陪伴、引導他們找到自己的內在力量。

活動:安慰練習——蝸牛小波的故事

- 傾聽孩子失望的感受。
- 具體說出他的情緒:「我看到了,你現在表現的是很失望的感覺。」
- 透過提問,和他交流感受,幫助他了解自己的想法。
- 讓孩子冷靜下來,引導他找到另一個解決方案。
- 向他解釋,犯錯是學習的一部分,每個人都會犯錯,爸爸媽媽也會。
- 深呼吸 3 次,幫助情緒放鬆。

認識情緒小活動

接著,可以跟孩子分享蝸牛小波的故事:

蝸牛小波和他的父母住在一片美麗的草原裡,離一片蘋果樹園不遠。小波的夢想是旅行,想要探索這個世界。不過,小波父母對自己居住的地方感到很滿足,不太能理解孩子對冒險的嚮往。

有一天,小波下定決心出門冒險,收拾好他的行李,和父母親吻別,便踏上旅程。然而,儘管小波已經努力往前走了一個月,卻還沒走出這一片草原。小波感到又失望又難過,覺得自己或許永遠沒辦法走出去,眼淚就掉了下來。

小波閉上眼睛。風,輕輕吹拂他的臉頰,讓小波想起了父母的溫柔。小波深深吸了一口氣,開始觀察四周。他發現身邊有一根樹根,於是他開始朝著樹移動。

小波花了好幾個小時才爬到第一根樹枝。從樹上往下看,他發現了一個全新的視野,甚至還看到自己的家。從這棵樹的高度看過去,

小波的家格外的渺小。這時，他才意識到自己原來走了那麼長的路，內心忽然平靜了許多。

突然間，一陣狂風將樹枝吹斷，把小波吹到了一條河裡。小波這時大聲求救，但都沒有人來救他。

（這時可以問孩子：你覺得小波會游泳嗎？）

小波經過一番努力，終於成功爬上剛剛被吹斷的那根樹枝上。小波花了好多力氣，太累了，不小心就在那根樹枝上睡著了。

當他醒來時，發現自己已經不在小河上漂流，而是在一片無邊無際的水中。原來這就是大海呀！

小波隨著水流漂浮了一段時間，與經過的小鳥、魚兒和海龜聊天。夜晚時，小波抬頭仰望著星空，欣賞著閃爍的星光。在海上要覓食是非常不容易的事，小波嘗試了不同的垂釣技法，憑著自己的毅力、勇氣和創意，終於成功編織出一張漂亮的魚網，接著他就能享用美味的海藻。

經過漫長的旅途，小波隨著水流飄回了他家草原的岸邊，看到父母在岸上。他感到非常驚訝，因為父母從來不曾離開他們家，竟然會在岸邊等他。和父母重逢後，小波和他們分享了他一路上的冒險事蹟。

小波憑著自己的意志、毅力和耐心，克服了許多困難。一路上與其他動物交流，經歷了一場收穫多多的冒險，滿載

而歸。

身為家長，我們要讓孩子明白：失望不是終點，而是事情發展過程中的一個階段，能讓我們學習和成長，失望是人生經歷中重要的一部分。

關愛

在愛和表達愛的方式之間，必須有所平衡。孩子不僅會聽我們在說什麼，也會觀察我們怎麼表現。

所以，每天花一點時間認真陪伴孩子很重要，給他擁抱、告訴他你愛他。

專注的陪伴和分享，有助於加強彼此之間的愛，同時也能建立孩子的自尊心。你可以安排遊戲時間、共讀、聊天，創造出一些親密的特別時刻。

認識情緒小活動

活動：關愛練習——愛心瓶

準備一個玻璃罐、一些裝飾品（如貼紙、紙膠帶等）和色紙，接著和小孩一起在色紙上畫圖案（愛心、星星等），或寫上一些搞笑或溫馨的句子。

寫下來的同時，可以與孩子互動：

- 「因為你是你，所以我很愛你。」
- 「我會永遠陪伴在你身邊。」
- 「我喜歡看到你快樂玩耍、笑的樣子。」
- 「你有犯錯的權利。」
- 「你有表達自己情緒的權利。」
- 「你想要抱抱嗎？」

之後，當孩子從罐子裡取出這些紙條時，可以回想起寫下這些話的當下和你的互動，感受你的關愛和鼓勵。

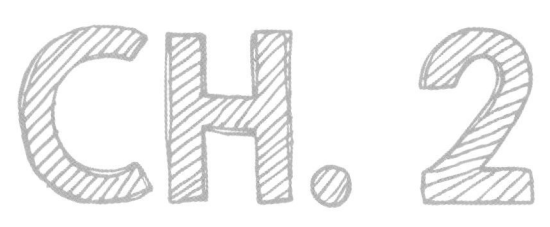

CH. 2
孩子像鏡子，反映出父母的樣子

培養孩子的自我形象、自我接納、自我關愛和自信心，與父母的溝通和互動最為重要。

第二章　孩子像鏡子，反映出父母的樣子

孩子會透過爸媽的動作、行為、溝通方式和對待他的態度來看待自己。同時，孩子也會依照他認為自己應該成為的樣子，以表現自己。科學家將此現象稱為「鏡像神經元」。

> **EXAMPLE**
>
> **實際例子**
>
> 如果有人在你面前打呵欠，你跟著打呵欠的機率很高。研究證實，如果打呵欠的人是你親近的人，你會更容易受到影響。
>
> 這就是鏡像神經元驅動的現象。同樣的，如果你看到別人在哭泣時，也會讓你感到悲傷；別人微笑或大笑時，鏡像神經元也會被啟動，你會感受到快樂，並以微笑或笑聲回應。

當我們觀察到某個情況或某種行為時，這種行為會記錄在我們的腦海中，並啟動大腦中負責觀察和執行的行動區域。而這對大腦尚未成熟的孩子而言，影響甚大。這也能解釋為什麼當父母在小孩面前反覆發生爭執、展現暴力（即使不是動手動腳的暴力，而是透過言語或文字），會對孩子的整體發展產生負面影響。

孩子從出生起，便會模仿父母的表情、語言和動作，這是他直接和父母溝通的方式。他所使用的溝通方法，其實是爸媽所「賦予」他的語言。這也是為什麼小孩喜歡假裝做父母正在做的事，重現成人的日常生活模式。孩子透過鏡像神

經元認識周遭環境,也正在全力學習。

透過觀察和模仿父母,鏡像神經元提供孩子一種自然的學習方式。所以,讓孩子有機會看到父母作為「不完美的榜樣」非常重要。

孩子的情緒也往往像面鏡子,反映出父母的情緒。

任何形式的擁抱、輕聲細語、誠懇的關注或展現善意,你的關懷和愛都可以傳達到孩子身上,請盡情向孩子好好表達吧!

「當我們和他人產生了深層共鳴,便是處於和他人同步的狀態,且享受和諧的當下。這正是生理學上的反應,表示我們的鏡像神經元啟動了。」——卡特琳・貴關醫師

第二章　孩子像鏡子，反映出父母的樣子

1. 親子有羈絆，他勇敢獨立

嬰兒從出生起，就需要和父母建立羈絆。孩子最早出現的依附行為，一方面是為了滿足自身的基本需求，另一方面是找尋一個主要照顧者（依附對象）互動。在日常生活的互動中，父母和孩子會漸漸建立深厚的感情及情緒連結。

根據心理學家約翰‧鮑比（John Bowlby）和哈利‧哈洛（Harry Harlow）的研究，早期的親子互動有助於往後發展出高品質的依附關係。

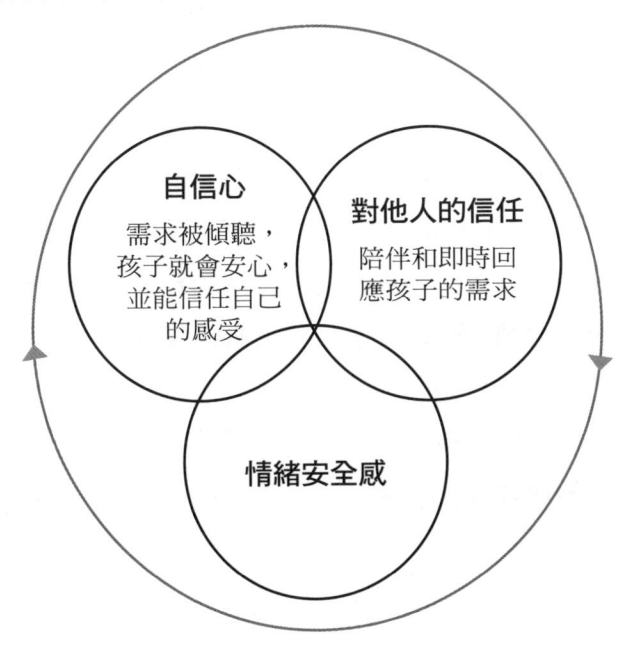

自信心
需求被傾聽，孩子就會安心，並能信任自己的感受

對他人的信任
陪伴和即時回應孩子的需求

情緒安全感

處理孩子的情緒怪獸

人的成長中，各種人際互動對其一生影響甚鉅。孩子需要大人親近和回應他的需求。對幼兒而言，要習得應對挫敗、苦痛，以及控管各種情緒的能力，擁有肢體上、視覺上和情感上的經驗非常必要。

| 不被滿足的需求 | 產生情緒上的不安全感 | 情緒反應：大叫、生氣、哭鬧、自我封閉 |

許多家長會認為，為了培養孩子獨立自主，最好不要太常擁抱他。不過，**多和孩子有肢體上的接觸，反而能讓他更快獨立**。相反的，如果父母常常沒有即時回應孩子的基本需求，他便容易對你回應他的能力失去信心。

目前我們知道，在嬰兒出生的 6 個月內，若父母以輕柔的聲音、抱抱等溫柔的方式，回應寶寶的哭鬧，他便能更容易管理他所經歷的情緒變化，往後哭鬧頻率也會變少。

同樣的，**孩子必須先擁有很強烈的親子依附連結，之後才得以勇於分離**。他能夠有自信、獨自探索這個世界，累積不同的經歷，正是因為他很清楚，當他需要時，可以隨時回到你的身邊。你和孩子之間的情感羈絆，有利於他建立自信心，且勇於與他人接觸。

第二章　孩子像鏡子，反映出父母的樣子

正因為在你眼中，他是你的寶貝，他就更能感受到自己是被愛、被理解的。

分享對事物的想法、享受共處的當下，是你和孩子建立良好關係的不二法門。一起度過的時光，品質比時間頻率／多寡更重要，所以和孩子相處時，父母應該避免被任何外務打擾（例如電話或電視）。

時時關注孩子，盡可能提供一個既能滿足他情感需求，又能尊重其自主性的環境。記得，經營你們之間的依附關係是相當重要的事。

先前曾提過一個重點：自信心從小就得培養。該如何培養呢？父母可以這樣做：

- 適時且適當回應孩子的需求。
- 向他表示你很在乎他。
- 對他有信心，相信他的能力。
- 信守承諾，答應過的事情要做到。
- 尊重他這個個體。

這樣一來，孩子會在你的關愛下自我建構、成長茁壯。

我們可以以澆花容器形容親子間的依附關係。當容器裡水越來越少，孩子就會開始出現一些問題行為（像是具有攻

擊性、說謊或是經常感覺不滿足等）。

　　這些行為看似難以處理，卻是察覺依附關係可能出問題的徵兆──他目前可能缺乏來自你的注意力，或渴望得到你的關懷、安全感。

當你的澆花器是滿水狀態：　　**當你的澆花器缺水時：**

有許多的關愛、溫柔和關注　　　產生許多負面想法、倦怠感、壓力

孩子：「哇，我受到關愛，我很開心。」　　孩子：「我感到難過、生氣、不被了解、孤獨、害怕⋯⋯。」

　　當被愛是因為「我就是這樣的我」時，就能產生自信。孩子的自信心建立在三個面向上：

- 對他人的信任。
- 對自己能力的信心。
- 對人生有信心。

值得注意的是,當孩子處在群體中,為了和他人共同合作,他會減弱自己的個人需求。為了完整的成長茁壯,孩子需要受到他人接納,感受到自己成為整體的一部分。

「即使是最厲害的嬰兒,也無法自己調節恐懼、悲傷或憤怒等情緒。」——妮可·葛德妮(Nicole Guédeney)博士,兒童精神科醫生

「依附是一種本能,貫穿人的一生,讓人需要被一個或多個親近的人傾聽、理解及支持。」——約翰·鮑比

處理孩子的情緒怪獸

2. 暴力溝通,你犯了幾個?

孩子從出生起,就對他所處的環境產生意識。為了和你互動,他需要你專注在當下。親子間的溝通方式,會透過你的聲音、動作和眼神傳達給孩子。

在幼兒時期,尤其是還不會說話的階段,孩子會對言語伴隨手勢的溝通較有反應。你可以用手語和還不會說話的小孩溝通,讓他們學會一些日常生活的詞彙,如此便能和父母做簡單的情緒、需求溝通。

加深連結
讓孩子和「語言」有第一步的接觸,鼓勵孩子獨立自主。

減少挫折感
擴大孩子的詞彙,有助於建立自信心。

擁抱
將雙手握拳,兩臂交叉放在胸前,身體左右輕輕來回搖動,像是在搖籃一樣。

不過，和孩子溝通的確不是那麼簡單。以下是美國臨床心理學家湯馬斯・戈登（Thomas Gordon）列出，幾個在溝通上會遇到的困難：

1.命令、指揮

「你必須……」、「這樣做就對了！」、「停下來！」

這樣的語氣會讓人產生順從或是反抗兩種不同的態度。而反抗會進一步發展成為抵抗（堅決反對），甚至產生敵意，遲早會爆發。

2.威脅、恐嚇

「你不這樣做的話，就會……」、「你如果還這樣做的話，會……」

這種語氣帶有想讓對方臣服於你的企圖，是利用對方的順從和害怕，讓你和他之間產生權力關係。

3.說教、講道理

「你應該要……」、「早知道你就不應該……」、「如果發生什麼事，是你的錯。」

這種溝通語氣是刻意要讓對方產生罪惡感。這會導致對方自責、失去信心,或產生想要為自己辯解、自我防衛,甚至出現「都是別人的錯」的卸責心態。

4.批評

「你就是⋯⋯」、「你就是少了⋯⋯」、「都幾歲了,你應該振作一點。」

一般來說,這樣的語氣會讓對方認為你是在針對他這個人,可能會導致他自我封閉,或者出言反駁。

5.數落、羞辱

「當然,不然呢?」、「你是真的笨,還是⋯⋯?」

這種語氣會對自尊心產生巨大影響,且讓對方心生不被理解且被拒絕的感受。遇到這種狀況,對方可能會以帶有攻擊的語氣回應。

6.忽略、看輕對方

「談談別的吧!」、「哎,你看吧⋯⋯」

這會讓對方認為,你在暗示不要面對問題,也不能吐露

第二章　孩子像鏡子，反映出父母的樣子

心聲，會讓他在人際關係中失去信心。此外，這也彰顯了你認為對方的困擾一點也不重要，甚至是可以被忽略的小事。

其實，溝通的內容往往都是次要，最重要的是你得傾聽對方想要表達的內容，並理解他隱藏在表面情緒背後的真正感受。

當你與孩子溝通時，需以正面、清晰、和善為原則。

美國心理學家馬歇爾‧盧森堡（Marshall B. Rosenberg）所提出的「非暴力溝通」（或「非暴力交流」），能讓我們回歸自身需求，察覺自己的情緒表達，並對自己的情緒負責。這不僅能增加我們對自己的同理，對他人也更有同理心，能在人際關係中創造出平衡。非暴力交流能夠建立我們的自信心，並培養出不傷害到他人的表達能力。

非暴力交流是一項很好的溝通工具，不僅能促進正面交流，也有助於啟發式的教育。情緒科學及社會科學研究已經證實，這樣的溝通方式對孩子的發展有著正面影響。

盧森堡的理論中，強調兩種語言模式。

第一種是發自內心的語言交流（以長頸鹿為象徵），能夠促進有建設性且富同理心的交流。這種語言模式分為四個階段：

- 觀察（Observation）：描述情況，避免帶有任何評價或判斷。
- 感受（Feelings）：以「我」為立場，表達在這種情況下產生的感受或行為。
- 需求（Needs）：明確表達自己的需求。
- 請求（Requests）：提出一個具體、可行且有建設性的請求，確保這個行動在當下可以立即實現。

而第二種語言（以胡狼為象徵）則是與心靈交流完全相反，以指責、貶低和操縱為基礎，會削弱人與人之間的信任，容易引發問題而非解決。

第二章　孩子像鏡子，反映出父母的樣子

3. 訂規範，指令要簡單

和小孩交流時，訊息必須：

- 建立在事實上，清楚又精確。
- 有其意涵，且小孩聽得懂。當然，我們也必須有耐心讓孩子思考，讓他消化你所傳達的內容。

這樣一來，孩子會逐漸運用和發揮自己身上的資源，更明白父母對他期望是什麼。當你和孩子交流時間越多，他就越能理解你所訂下的規則，並遵守他成長環境中的界線。在某種程度上，也會為他帶來安全感。

不過，由於幼齡小孩的大腦仍在發展，沒辦法完全記住所有指令，特別是他在玩耍的時候。我們稱在這樣短時間內捕捉和記住資訊的能力為「工作記憶」，像是讓孩子記住他放玩具的地方，或是一個比較複雜的遊戲規則等。一般來說，4歲以下的孩子只能記住1～2條簡單的指令。

因此，重複指令是必要的。不過，我們可以根據不同的情況、使用不同道具，以避免過於重複的指令。例如視覺上

的輔助道具,如解釋起床和一整天行程的圖表,或在進行某項活動時用沙漏計時,以幫助孩子了解流程。

這個小道具叫做「日常時鐘」,能幫助孩子在時間概念中定位,區分一天當中不同的時段,即使是還看不懂時鐘的幼兒也適用。等孩子年紀更大了,處理多條訊息的能力也會增強許多。

設立堅定原則的4個要點:

1. 持續性:訂下的規則不能今天是一套,明天又不一樣了。但你可以隨著孩子年齡或能力的增長調整。
2. 耐心:必須重複叮嚀訂下的規則。
3. 一致性:訂下的規則必須具有意涵(例如和安全或社會生活規則有關等)。
4. 正向:不使用否定句,以肯定句清楚表達你對孩子的要求與期望。

訂下規則能幫助我們與孩子共同生活,親子關係也會更加融洽,同時,也能為孩子提供一個安心的生活框架。當

第二章　孩子像鏡子，反映出父母的樣子

然，這些規範必須依他的年齡、情況及行為，而有所變化或調整。

和孩子溝通時，下列有幾個要點：

- 觀察孩子的行為、仔細聆聽他的說法，以理解隱藏在他「情緒風暴」背後的需求，並好好回應。
- 管理你的情緒，避免將孩子的情緒和你的情緒混淆。
- 避免以「為什麼你」為開頭問話，改以「怎麼了」為佳。例如：當你對孩子說「你為什麼要這樣做？」會讓孩子先認為自己做錯事，接著就難以開口向你解釋。
- **重述事實，不解釋或評價**。使用精確的詞彙可以避免誤解或錯誤的詮釋。例如：你可以說「所以你的意思是……」，後面接著重述小孩剛剛講的話。

與孩子溝通時，不能只說「再這樣我就生氣了」，而是要說：「我生氣了，因為你的彩色筆撒在地上到處都是。」請表達出你生氣的原因，而不是只說「我生氣了」，這樣太過籠統，孩子無法理解你具體生氣的理由，以及你要求他要做的事。

問孩子開放式的問題,更能理解他當下的情況,並幫助他具體描述內在的想法,例如:「是什麼樣的事讓你這麼想(說)的呢?」

盡量避免使用「你都……」,或「你從來都不……」這類的句子,如:「你從來都不整理房間。」這句話聽起來像是在貶低孩子試著整理房間所付出的努力。

此外,**盡量給予即時回應**,不要兩小時後才回頭討論已經和孩子達成共識的規定。請站在孩子的立場思考,若你真的弄錯了,請向他道歉,並好好表明自己的底線在哪裡。

最後,最重要的是,要對自己有信心,沒有人比你更了解你的孩子。他的表情、行為舉止你都瞭若指掌,**要相信自己能以最合適的方式回應他的需求。**

「言語可以是一扇窗,也可以是道牆;可以將我們束縛,亦將我們解放……你願意幫助我感受到自由嗎?如果我讓你感覺受到貶低,或者你覺得我冷漠,那請試著傾聽這些我們所共享的感受。」——魯思・貝本梅爾(Ruth Bebermeyer),教育工作者

第二章　孩子像鏡子，反映出父母的樣子

你知道嗎？

　　專為孩子所寫的童書，是孩子們最好的溝通輔助工具，親子可以一起探索，像是情緒、哀悼、父母離異、接納剛出生的弟弟妹妹、整潔、認識差異、開學等各種主題。

　　書籍能擴充孩子的詞彙量，而閱讀可以讓他將自己的感受、不安或是經歷過的情況化為言語，表達出來。

　　因此，閱讀這個絕佳的方法可運用在：

・陪伴小孩入睡前。
・放鬆的時刻。
・當你想讓孩子發展想像力。
・讓孩子學習某件事，或解答他曾有過的疑問。

　　這樣寓教於樂的方式，能提供親子間充分交流的機會，讓我們能更了解孩子的情緒狀態及思維模式。

　　研究顯示，只要閱讀5分鐘，可減少68%的壓力。因此，睡前閱讀是個非常棒的方法，你和孩子不但可以一起放鬆，且擁有交流的機會。

4. 重複他的話,但不評論

　　耐心傾聽是一種溝通技巧,而提問和重複敘述是基礎關鍵,這樣一來,我們就能確保對方正確理解訊息。

　　這項溝通技巧由美國人本心理學家卡爾・羅傑斯(Carl Rogers)所倡導,他是提出「非指示自導法」(nondirective)的先驅。

　　羅傑斯認為,在某個狀況下所產生的情緒,對訴說者來說是最重要的。因此,他強調傾聽者需要把注意力放在內心感受,而不是理性層面。

　　此外,傾聽者須採取真誠、理解的態度,避免評論訴說者所傳遞的訊息。

　　以下是關於傾聽的 5 個要點:

- 選擇傾聽他人:專注在對方,而不是自己的看法,不要在對方分享時談論自己。
- 接納對方:接受對方本來的樣貌,表現出真正的在乎和關注。
- 專注在對方的經歷:在談話中保持開放態度,試圖

了解其觀點，換位思考，站在對方的立場看待問題。
- 展現出對談話方的尊重：全然接納對方的看法和生活方式，不越界或替他做決定。建立兩者間的信任能夠促進交流順暢。
- 成為一面真正的鏡子：反映出對方的感受，重述對方的話，但不詮釋或評論。

你想跟我分享發生了什麼事嗎？

這是……？

如果我理解沒錯的話，我這樣講對嗎？
是的話，你可以再跟我說多一點嗎？
不是的話，你可以再跟我說一遍嗎？

怎麼了？

從哪裡開始……？

詢問孩子下列這些問題，可以幫助他表達和組織自己的思緒：

- 你需要什麼來幫助你完成這件事呢？
- 你最厲害的地方在哪裡？
- 你最在意什麼東西，你少了哪個東西？
- 你是怎麼理解你所經歷過的事情？

「人有能力理解自己，有能力改變自我認知、態度及自身行為。只需要有周圍環境的支持，他就能從自身的資源當中汲取力量、實現改變。」——卡爾・羅傑斯

第二章　孩子像鏡子，反映出父母的樣子

5. 專注於當下，別讓情緒淹沒你

　　正念，指的是注意力放在當下的自身和周遭環境。正念可以透過以下兩種方式進行：

- 正式：刻意的正念練習。
- 非正式：將注意力集中在一天的每個當下。

　　實行正念的時間，能夠讓你專注於自己、周遭環境和當下時刻。
　　正念練習的目標，是讓思緒自然流動，而注意力應該專注在當下的經驗感受。而所謂的經驗感受可以來自於：

- 外部：透過 9 種感官覺察周遭環境變化。
- 內部：時時刻刻專注於自身內心的變化，試著覺察如思緒、情緒、感官和印象 4 種內在狀態。

　　你也可以將注意力停留在呼吸起伏上，幫助你更容易將專注力集中在當下。

處理孩子的情緒怪獸

全然接納

這意味著懷抱開放、不批評自身經歷的態度。身為覺察者的我們,在體驗當下時,應懷有善意、開放和客觀的態度。單純接受當下的經驗,不做多餘的評斷、分析或試圖改變現況。

不過,當下經驗也許會讓我們感到不自在,這是人之常情。用心感受這些不適感,但不用刻意分析,讓思緒自然流動,將專注力拉回到呼吸上,可以幫助你定心在當下,將自己定錨在此時此刻。

不讓情緒淹沒你

我們的注意力其實是可以刻意引導到某個思緒之上的,因此在當下發生的事情,不管是外在或內在,都可以保持清晰的覺察。刻意覺察的過程,能讓我們和正在發生的事保持一定距離,以避免情緒或想要回應的需求把自己淹沒。在刻意覺察的模式裡,我們將不再處於「自動駕駛」模式,注意力會集中在當下。

練習正念,對我們和孩子有哪些好處呢?

第二章　孩子像鏡子，反映出父母的樣子

- 更了解自己。
- 不帶任何批評，無條件的愛自己。
- 與自己的內心世界和諧相處（所有的情緒和想法並無對錯之分）。
- 身體與情緒同步連結（內在與外在世界同步）。
- 深刻感受到身體感官（能量、緊張等）。
- 增加注意力和專注力。
- 恢復平靜。
- 發揮創造力和做白日夢。

6. 正向教養的常見誤解

誤解一：正向教養沒有框架或界線

根據社會學研究顯示，實行正向與民主教養的父母，會在訂定的規則框架下傾聽孩子的需要。這恰恰和不設定框架的放任式教育相反，放任式教養的父母比較傾向在意孩子的欲望，而非孩子的需求。

在正向教養裡，包含了肢體、情感、智力、道德、社會及環境上等多方面的框架。而訂定規則有助於維持框架，因為孩子需要具體、明確且清楚的規則，在這個基礎上做正面的表達。框架就像是孩子理解爸媽行為模式的說明書，讓他了解爸媽對他的期望。

不過，規則可以保持彈性，隨孩子的年齡增長及所處的環境做更動。偶發的例外發生時，也須向孩子解釋清楚。規則訂定的關鍵在於掌握平衡，因此可以根據家庭的條件，制訂出合適的生活框架。

誤解二：正向教養會寵壞孩子

目前情緒神經科學、社會學或教養心理學的研究皆一致認為，透過善良、同理和溫柔對待的方式教養孩子，孩子長大後的腦內催產素水準會較高。而且，他們也更有可能成為具備同理心、適應力強大且對他人友善的人。

相反的，如果孩子是在充滿恐懼、暴力的教育環境中成長，長大後會有具攻擊性、缺乏同理心和社會適應能力較差的傾向。

誤解三：正向教養增加爸媽親職倦怠的風險

研究顯示，實行正向教養的父母，無論是在和孩子相處的關係當中，還是與自己價值觀一致性之上，整體感覺都比一般教養更好。而且，這樣的父母對親子關係也較容易感到滿足。這是因為他們對他人尊重、擁有同理心及溫柔對待的期望更相符，且有助於維持健康、積極的親子關係。

誤解四：正向教養只是趕流行

正向教養是近期大量科學研究的成果，包括社會心理學、發展心理學、神經科學、人類學和社會學等科學領域。

處理孩子的情緒怪獸

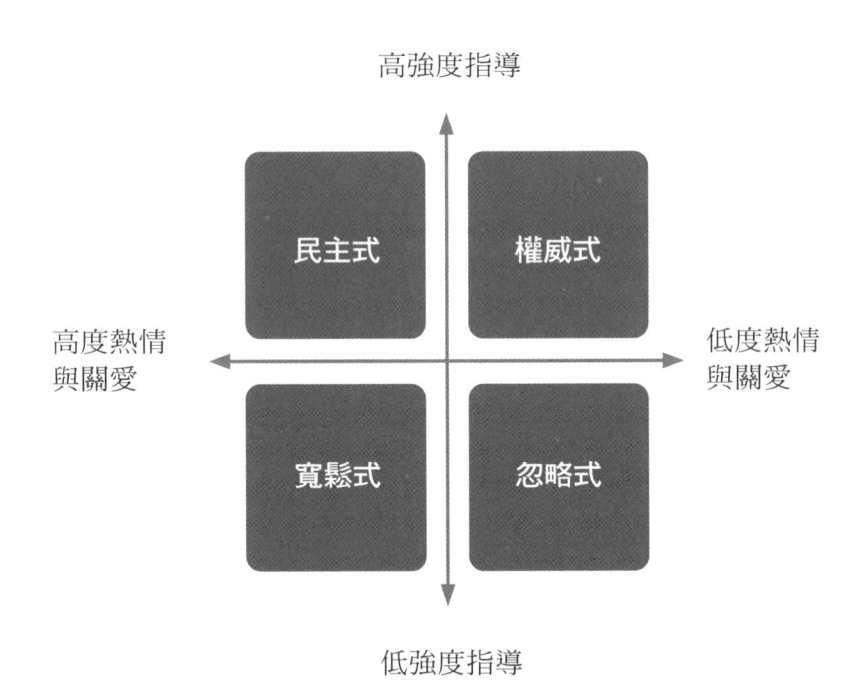

```
            高強度指導
               ↑
    ┌─────┐  ┌─────┐
    │民主式│  │權威式│
    └─────┘  └─────┘
高度熱情              低度熱情
與關愛  ←─────┼─────→  與關愛
    ┌─────┐  ┌─────┐
    │寬鬆式│  │忽略式│
    └─────┘  └─────┘
               ↓
            低強度指導
```

教養的四象限

實施正向教養（民主式教養）的父母，其實對孩子的指導強度更高，並非一般常誤解的「正向教養沒有界線」。

* 圖表來源：*Psychologie du développement humain*, Diane E. Papalia, Ruth D. Feldman, Chenelière Éducation, 2014.

第二章總結

- 不用刻意成為完美的父母。我們雖不完美,但這並不代表我們是「不好」的爸媽。
- 試著每天都鼓勵孩子。
- 留意自己的想法和言詞,以及對孩子的看法。
- 相信孩子,也相信自己。
- 給孩子時間消化、吸收他的日常經驗。
- 安排高品質的家庭時光。
- 享受當下每一刻。
- 孩子犯錯時放輕鬆,也接納自己會犯錯。
- 照顧好自己,才能照顧好孩子。
- 打破你成長經歷和所處的社會框架,擺脫他人眼光,讓自己活得更自在。

處理孩子的情緒怪獸

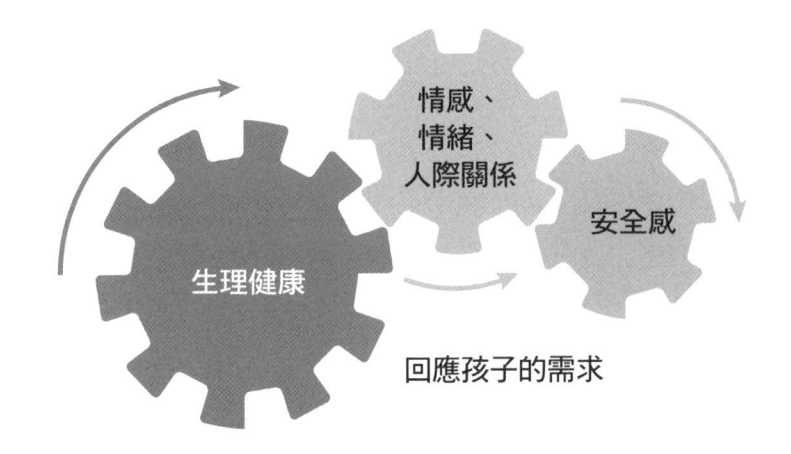

生理健康 → 情感、情緒、人際關係 → 安全感

回應孩子的需求

回應孩子的需求能夠讓孩子：

- 建立自我認同。
- 發展自尊心。
- 理解他所處的環境規範。
- 嘗試探索自己的世界。

「愛雖然是孩子成長發展的重要關鍵，但真正奠定個人成長的基礎，其實是情緒安全感的經歷。」——安妮・雷諾（Anne Raynaud）博士，精神科醫師兼「家長教育學院」創辦人

溝通練習本

在實行接下來的練習之前,先了解下列幾個要點,能夠幫助你更好掌握這些工具。本篇分為兩部分:

1. 給爸媽的不評論練習:這些是專門為你設計的活動,目的是將前述的理論帶進實作階段。
2. 處理孩子的情緒怪獸:設計給你和孩子一起進行的小活動,你可以陪他完成手作活動、引導他做瑜伽和冥想,也可以透過講故事的方式和他互動。

唯有透過實作,我們才能真正感受、理解、學習,並內化和鞏固所有曾經歷的體驗。

處理孩子的情緒怪獸

給爸媽的不評論練習

練習一

觀察下面這張照片,並寫下你所看到的內容:

解答:你寫下的是描述照片的內容,還是對這張照片做出了評論、解釋呢?

- 「小男孩身穿 T 恤和短褲,站在花園裡,看起來像是迷路了。」
- 「小男孩身穿 T 恤和短褲,站在叢林中,表情看起來很悲傷。」

- 「小男孩身穿 T 恤和短褲，站在公園裡，看起來像是在等誰。」

以上這些，都是帶有評論的敘述。

不帶評斷的回答

- 「男孩戴著帽子，身穿 T 恤和短褲。地上有些樹葉、後面有一些植物。」

下列這些詞語容易帶有評價，例如：

- 帶有評斷：看起來、似乎⋯⋯。
- 使用副詞：常常、非常、沒緣由的⋯⋯。
- 帶有「好」、「壞」的詞語。

練習一可以讓我們明白，我們在觀察某個情境時，很難不帶入主觀的評斷。接著，我們就可以進入下一個練習。

練習二

請試著分析,此時此刻你的心境如何?

可以將心情寫下,例如:高興、沮喪、惱怒、擔心、愉快、應付不了、氣惱、傷心、感恩等。

....
....
....

「我們的感受,來自於我們選擇如何接受他人的行為、言語模式。」──馬歇爾‧盧森堡

練習三

延續練習二,請試著用下列的句子,表達你現在的感受與需求:

我感到……因為我需要……
我感到……因為我希望……

....
....
....

練習四

現在,根據你的需求行動吧!

以具體、清晰的方式,把想做的事情表達出來,以便讓他人能理解、回應你的需求。

練習五

接下來,請你試著覺察孩子的行為,並了解其背後的原因。孩子的行為能夠被觀察到的部分,其實就如冰山一角:

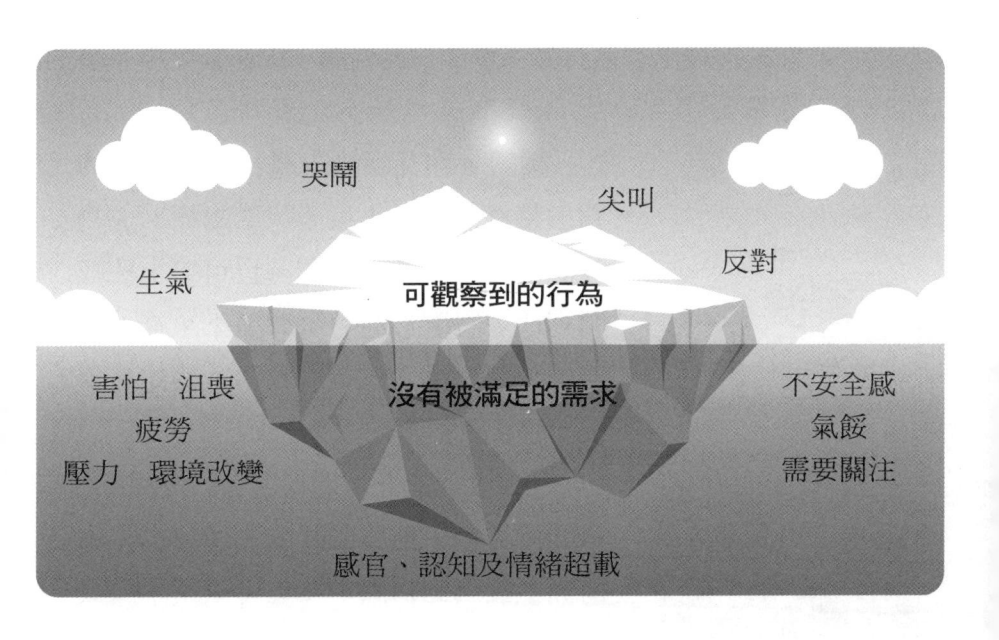

哭鬧　尖叫　反對　生氣

可觀察到的行為

害怕　沮喪　疲勞　壓力　環境改變

沒有被滿足的需求

不安全感　氣餒　需要關注

感官、認知及情緒超載

溝通練習本

處理孩子的情緒怪獸

個體成長：光與影

每個人都擁有光明、陰暗兩面，密不可分。在每個陰暗的角落，總會有一道幽微的光在旁守護。我們同時擁有這兩個面向，必須學會駕馭它們、與之共存。唯有這樣，才能與自己達成真正的和諧。

活動：皮影戲

在家裡找出白色背景，例如一面白牆，或在牆上掛一張素色床單。

接著，在瓦楞紙上畫出一個喜歡的圖形輪廓（如：小兔子、聖誕樹、人物等）。如果畫圖有困難，也可以上網找圖列印。將圖形沿著輪廓剪下來後，用膠帶或膠水固定在棍狀物上，例如冰棒棍、竹筷或鉛筆。

下一步，請將房間裡所有的燈關掉，只開手電筒。把剪裁好的物件放在光源前面，投影到白牆上（也可以用木偶或

比手影來進行這個遊戲）。

讓孩子自由操作、移動這些剪影，並編出屬於他自己的故事。

父母也可以在戶外有陽光的時候，帶著孩子利用自己身體的影子玩光影遊戲，看看影子如何隨光線變化。

錨定

每個生命都需要避風港，如此可以使人更加成長茁壯。如果我們在那裡的情感根基又深又牢固，帶來關愛、安全感及滿滿的信賴，我們就越有勇氣探索世界。

活動：我是一棵小樹

請孩子深呼吸，想像自己是一棵樹。當吸氣數到3時，試著盡可能雙腳穩穩踩在地上，雙手向天空伸展，越高越好。呼氣時，數到3，把手臂放下。

重複這個動作3次。

接著，可以問孩子：

- 現在,說出你眼睛看到的 4 樣東西。
- 說出你聽到的 3 種聲音。當他回答後,可以稱讚他:哇,你好厲害,可以區分出 3 種不同的聲音。
- 接下來,再說出你現在聞到的 2 種味道。
- 說出 1 種你皮膚感覺得到的東西。

最後,讓孩子舉起手臂,模仿樹枝擺動,吸氣、吐氣時模仿樹葉被風吹動的聲音,吐出「風聲」。

共生

共生指的是和他人或大自然、環境等,保持深層且緊密的連結。親子之間的共生關係,主要是非語言的溝通,我們不僅需留意孩子的感受與感知,同時也要留意自己的想法。

冥想、呼吸練習及靜下來的時刻,對維持共生關係有非常大的幫助,可以讓彼此更加心連心。

活動:蛻變的毛毛蟲

和孩子面對面,講以下這則毛毛蟲的小故事。說故事時,可以一起做動作。

學習溝通小活動

這裡有一隻毛毛蟲（用食指做出波浪狀移動來模仿毛毛蟲），我把它放在我的手心上，另外一隻我放在你的手上，好嗎？

你的兩隻手就像是蛹，請你小心的保護它，慢慢把它放在胸前。慢慢吸氣（讓孩子雙手疊在一起、放在他的胸口）你感覺到你的心跳了嗎？閉上眼睛，仔細感覺心跳的節奏。

然後，輕輕吐氣，慢慢把雙手打開，從你的胸口滑下來。

現在，再吸氣，輕輕把雙手舉高。吐氣，將雙手慢慢放下，放在身體兩側。你現在像一隻美麗的蝴蝶，正在拍打翅膀（跟孩子一起揮動雙手，模擬翅膀上下拍動的樣子。重複5次，可站著或坐著進行）。

現在，向掌心吹一口氣，呼！多虧有你，這隻小毛毛蟲已經成功展開翅膀，會飛了！

我的家庭

無論你的家庭是什麼模樣,都需要擁有某種羈絆,用心呵護,才能讓這些連結持續存在我們的生活之中。

父母就像是孩子的避風港,當孩子有需要時,可以回到這裡充電。愛、安全感(身心靈、情感及情緒等各方面)、傾聽、釋出善意、分享和關心,都是維繫關係的關鍵。家,就是讓每個人都能做自己的重要所在。

活動:比手畫腳、模仿猜謎

這個活動適合全家參與,大家一起選定主題,例如:動物、交通工具、大自然等。爸媽可以製作一些標籤,寫下要讓大家猜的一個詞語或一句話,若小朋友年紀還小,則可以用實物或圖片代替。

遊戲時間:每人 1 分鐘,共 3 輪。在時間限制內猜對最多次的人就是贏家。

①先做聲音模仿,模仿該動物(或機器、物品)的聲音,讓其他人猜是什麼。
②如果猜不出來,接下來可以透過肢體動作形容。
③若動作還是猜不到,就用3個詞形容這個動物(或機器、物品)。

想讓遊戲更有趣、好玩,還可以用捏黏土、畫畫等方式來猜。

身心平衡

維持身心平衡,其實就是讓身體和心靈處在一致和諧的狀態。當達到身心平衡時,我們便有動力朝心之所向前進。在這種狀態下,我們感覺良好。體驗過這種狀態後,身心自然而然會引導我們回到這樣的平衡狀態。所以,仔細聽聽內在的聲音,並察覺它吧!

學習溝通小活動

活動：小瑜伽舞

站立，身體打直挺胸，腳穩穩的踩在地上，深呼吸，抬頭望向天空。

這時，我們可以找面前一個固定的點，盯著那個地方。

把重心放在其中一隻腳上，接著將另一隻腳抬起，膝蓋抬到肚子的高度，然後往旁邊轉，再來往後抬。

接下來，用手抓住抬起來的那隻腳腳踝，慢慢把腳抬高，同時舉起另一隻手臂以保持平衡。

腳在空中停留 10～30 秒後，慢慢放下。

接著，換另一隻腳，重複同樣的動作。

你可以跟著孩子一起光腳做這個練習，放點輕柔的音樂。這個動作可以反覆練習，次數不限。

認識我們的身體

每個人的身體都是獨一無二的，值得我們細心呵護。這副身體既是保護殼，也是幫助我們感知環境的重要載體。

為了幫助孩子好好認識身體的每一部分，可以讓他畫自畫像、跳舞或幫他按摩。活動中，說出身體部位的名稱，讓孩子能將部位和名稱互相對應，增加他的身體覺察力。

照顧好自己的身體,是非常重要的事。

遊戲:魔法噴泉

讓孩子以他最舒服的姿勢,坐在地上或躺在床上。如果孩子想起來動一動,就讓他自由活動。

若孩子願意,可以請他閉上眼睛,或盯著遠方的一個點。接著,你就可以用口頭引導:

深吸氣,1、2、3,肚子像氣球一樣脹起來。吐氣,1、2、3。

現在,慢慢回到平常的呼吸。吸氣——吐氣——感受你的身體和床墊接觸的面積。感覺你的頭、肩膀、手臂、手掌,你的背、大腿、小腿、腳丫都碰到了床墊。

仔細聽你的呼吸聲。每次吸氣、吐氣時,你的身體都會比上一次更陷進床墊中,身體慢慢、慢慢放鬆。

想像一股水流,從魔法噴泉中湧出。這股水流非常輕柔,也非常溫和,你可以幫他加上一種顏色。

想像這股水流滑過你的頭頂,接著流過頭髮,水流過時,頭頂會慢慢、慢慢的放鬆。

水流輕輕流過你的額頭,只要是水碰到的地方都會變得光滑。你的眼皮越來越重,像窗簾一樣慢慢闔上。現在,讓

眼睛好好休息。

鼻子兩邊也開始放鬆了。你可以感覺到空氣從鼻孔進來，又慢慢的出去。

水流接著滑過你的臉頰、嘴巴。下巴也開始放鬆了。

現在花一點時間，感受一下你內心的變化：你感覺到什麼？刺刺的、熱熱的或什麼感覺？還是什麼都沒有？不管怎麼樣，都沒有關係。

接下來，想像水流正滑過你的脖子和肩膀，滑過的地方都變得輕飄飄的。

水往下流，流過你的手臂，繞過你的手肘，到手腕，流向你的手心，還有每一根手指頭。

你的手臂越變越軟，像是包子一樣軟綿綿的。

感覺到脖子還有手臂，都變得很輕又很放鬆了嗎？

水還會繼續往後流，輕輕滑過你的背部。想像你的身體慢慢、慢慢陷入床墊，像躺在沙灘上一樣。

仔細觀察一下你全身所有的感覺。

現在，水流從胸口到處散開。感覺一下你的胸口現在正在輕輕的起伏⋯⋯接著，水流到你的肚子上。感受一下肚子隨呼吸起伏，聽聽看自己的心跳聲，像小鼓的聲音一樣在身體裡迴盪。

水流往下滑，滑到你的大腿、膝蓋、小腿、腳踝、小腳

> 學習溝通小活動

丫，滑到腳趾頭。有沒有感覺到你的兩隻腿變輕鬆了？

你感覺到什麼了嗎？想像這股水流從頭到腳流遍全身。

感受一下你身體裡面的感覺。也許你的身體變重了，或是變輕了，變軟了，變熱了……。

你的呼吸變得平靜，在放鬆時感覺受到呵護，很舒服。

記得，這就是有魔法的水喔！需要用的時候，你可以隨時把它變出來。

（到這裡，讓孩子靜靜休息幾分鐘，不打擾他。）

現在，你可以慢慢張開眼睛了，但不用急著馬上張開。感覺一下你的後腦勺、手臂、背部、腰部、兩隻腳、腳丫。

在這裡深吸一口氣，讓能量注入到身體裡面。接著，大口吐氣！吐完氣後，就自然的呼吸。

動一動你的手掌和腳丫。你可以伸個懶腰，就像你剛睡醒時一樣。等你準備好的時候，再慢慢把眼睛打開。

想像時不一定要用水流,也可以用其他的東西,或孩子喜歡的元素代替,像是羽毛、螞蟻、瓢蟲、泡泡等。

自由自在做自己

做你自己,獨立又自由!在生活中的每一刻,都能自由做自己,無須承受任何壓力。

當你讓他人做自己時,不存有任何偏見、無條件接納他,如此才能實現真正的自由。自由是普世價值,每個人都有權利捍衛。

讓孩子無拘束的表達自己的情緒、想法吧!讓他們按照自己的步調自由活動。只有讓孩子保有真實自我,才能真正實現探索世界這件事。

活動:自由活動

跳舞

放點音樂,開始擺動,邀孩子一起跳舞,也可以讓他隨意自由的擺動。

畫畫

提供一些畫圖工具給他,像是色鉛筆、貼紙、色紙、膠

水、顏料等,不用的廢紙則可以拿來剪紙。可以根據小孩的年齡,調整提供給他的道具。

看書

讓孩子挑一本自己喜歡的書閱讀,然後幫助他回想其中的故事情節。也可以看圖說故事,或鼓勵他編出新的故事。

給幼齡孩子的活動:讓孩子躺在比較硬的地墊上(比較容易感覺到身體的支撐),把幾個小玩具放在他身邊,讓他可以自己抓取。這時,可以陪在孩子身邊,讓孩子自己自由活動,時不時可以跟他交談、給他鼓勵(建議穿著寬鬆、舒適的衣服)。

學習溝通小活動

建立自信心

想讓孩子相信自己，關鍵就在於如何淡化犯錯對他的影響，並肯定他的努力。犯錯是非常正常的事，是人生學習中很重要的一環。

若想孩子自主且具有責任心，我們就得先相信他。

孩子的自尊心從很小就開始形塑，主要是透過各種和他人互動及不同的人際關係而建立。以下是 4 個建立起自尊心的微妙配方：

- 孩子有自信，是爸媽先相信他有能力。
- 懂得自愛，是父母先愛他原本的樣子。
- 能自我接納，是我們先接受他身上獨一無二的特質。
- 培養出自我認知，是因為父母先肯定了他所經歷的一切。

我們可以從很基本的事情做起，像是隔天上學要穿的衣服，前一天讓他自己選。當孩

子遇到困難時，先讓他自己尋找解決方案，孩子真的有需要時再給他指引。

活動：內心停看聽

當你和孩子一起待在家，或在公園玩耍時，可以跟他玩「內心停看聽」的小遊戲。先問問他：看到什麼？聽到什麼聲音？聞到什麼氣味？皮膚感覺到什麼？（陽光、風等）

接著，讓孩子閉上眼睛，將注意力轉向內在：

- 你現在有什麼樣的情緒？
- 你現在在想什麼呢？
- 你的身體有什麼感覺？
- 你能感受到你的呼吸嗎？

你可以繼續問他，最近發生了哪些事，他覺得自己做得很好，又有哪些事情他覺得有困難。

過程中，請認真傾聽，並接納他的回答。你也可以和他分享你的觀察和感受，幫助他思考。

這個小遊戲旨在向孩子展現信任，告訴他可以向你敞開心房，而你也會尊重他的情緒、想法及感受。此時此刻，你

是百分之百支持他。透過這樣的交流，孩子會知道他對你來說獨一無二，是很重要的存在。

互助精神

所謂的互助精神，就是懷抱同理心和善意，幫助、支持和陪伴他人。當有人需要幫助時，我們應該伸出援手，或耐心傾聽。若在街上遇到一個需要幫助的人，我們可以即時伸出援手，讓身邊的孩子明白什麼是互助精神。

此外，讓孩子參與日常家務事，也是體會互助精神的好方法，例如：幫忙煮飯、整理家務、垃圾回收分類等任務。這樣一來，孩子不僅會感受到自己是家庭裡重要的一員，也讓他們學會如何透過行動貢獻自己的力量。

你也可以讓孩子將玩具或書籍捐給需要的小朋友，藉以讓他了解互助與分享的精神。

活動：肢體傳球

家長先準備一顆球。

讓孩子動動腦想一想，如何在不用到雙手的情況下，將球傳送到另外一個地方。接下來，就可以請小朋友和你一起玩這個遊戲。

例如，兩個人可以用頭、肚子或背對背將球夾在中間，從房間的一邊走到另一邊，球不能落地。

你還可以跟孩子用積木疊出一座高塔（例如 Kapla 法國精靈積木，不要是可組合的積木即可）。每個人輪流放一塊積木，目標是疊得越高越好。這個遊戲可以讓孩子學習團隊互助精神。

同理心的培養

理解他人的情緒和辨識他人言語中的意圖，是培養同理心的好方法。這可以幫助孩子學會面對和理解自己的情緒，並用言語表達內心煩惱的事。如此一來，孩子能漸漸學會情緒管理，且懂得如何表達自己的感受，而不是無法理解自己的情緒，反而更壓抑自己。

當孩子感覺需要你的陪伴時，讓他自己來找你，表達他

內心的感受。過程中,你只要傾聽他的困擾、持續陪伴在他身旁,或問一聲:「我看得出來你不開心。要抱抱嗎?」

活動:故事時間「兩個小精靈」

從前從前,有兩個小精靈,一個戴著黃色帽子,另一個戴藍色帽子。他們分別住在一座巨大的山兩邊,各有一座小木屋。兩棟木屋座落在一片綠意盎然的美麗森林裡。

這兩個小精靈非常聰明,他們找到一個不用爬過巨大的山,就能和對方交談的方法。

某天早上,他們開始從各自的那一邊挖隧道。挖呀挖,挖了好長一段時間,好不容易他們終於可以聽得到彼此的聲音了!從此之後,每天他們都會來到隧道裡,分享今天過得如何,一起笑、一起哭,一段美好的友誼就此誕生了。

但是有一天,這兩位好朋友吵架了,他們的爭吵聲傳遍整座森林,響徹雲霄。森林裡的動物們,紛紛躲回自己的洞穴和鳥巢裡。

你猜猜看,他們為了什麼吵起來呢?黃帽子的小精靈堅持,照在他臉上的那道陽光就是日出的陽光,但藍帽子的精靈卻覺得自己看到的是黃昏,而且天空中已經出現了星星。

就這樣,整整一個月,這兩個好朋友再也沒說過話,整座山靜悄悄的。

學習溝通小活動

　　由於兩個小精靈都堅持自己是對的,於是他們決定挖一個更大的洞,好讓他們能夠鑽進去,親自到對面看看究竟誰對誰錯。

　　挖呀挖,挖到一半的時候,兩個小精靈第一次見面了。雖然他們都還在對對方生氣,但還是決定握對方的手,因為他們想了想,覺得友情比吵架重要多了。

　　藍帽子精靈邀請黃帽子精靈到他家看閃亮的星星。當他們抵達藍帽子家時,黃帽子下巴快掉下來了——在他眼前的,就是整片滿滿的閃亮星星。

　　「看吧,我說得沒錯吧!」藍帽子精靈開口了。

　　「是……是沒錯。」黃帽子還在驚訝著。

　　「那你現在知道為什麼我生氣了嗎?」

　　「知道了,這個景色真是太美了。」黃帽子精靈說道。

　　他們兩個就這樣靜靜欣賞著夜空。過了好長一段時間,黃帽子突然站起來,問藍帽子願不願意去他家看看。藍帽子開心的答應了。

兩個精靈再次鑽入洞穴裡,手上拿著一個小火把,穿越了山脈。當他們到達黃帽子家的那端時,一道溫暖的陽光照到兩人的身上。這讓兩人瞪大了眼睛。

　　「這真是太不可思議了!」藍帽子驚訝的說。

　　「在你這裡已經是白天了,我真不敢相信!」

　　「我也不敢相信,這真是太奇妙了。」黃帽子回答道。

　　他們互相看了對方,然後給了彼此一個大擁抱。這時,不需要任何言語說明,他們都明白了彼此,也知道誰都沒有說錯。

　　從那天以後,兩位小精靈決定永遠都互相傾聽對方,成為真正的好朋友,永永遠遠。

　　每個人都有自己的觀點,對事情的理解也不盡相同。最重要的是傾聽對方,在溝通中不必執著誰對誰錯。

原諒

　　每個人都會犯錯、不經意做出不恰當的行為,重點在於遇到這樣的行為後,我們要怎麼面對。例如,以正面的詞語描述剛剛發生的事情,並和對方一起找到解決辦法:「我剛剛講話太大聲,因為我以為你快跌倒了。不好意思,讓你覺得害怕了。」

學習溝通小活動

活動：沉甸甸的袋子

將像是書之類較沉重的物品，放進一個袋子或背包裡，並在每個物品上貼上「憤怒」、「討厭」、「仇恨」、「報復」、「不公平」等標籤。

跟孩子輪流背背看這個袋子，感受一下這些裝滿沉重物品袋子的重量。

接著，你可以告訴孩子，如果內心背著像這樣充滿憤怒、仇恨的情緒，實際上會比這個袋子還要沉重。

如果在面對傷害或冒犯他的人時，選擇原諒，這些不愉快的情緒會逐漸消散，就像把袋子放下後，從肩上的重擔中解脫一樣。

試著讓孩子明白，其實最受傷的人，就是那些沉浸在怨恨當中的人，而那些怨恨就像是袋子裡的書本，讓人覺得沉重。

原諒是讓內心變得輕盈自在的方法。

保持善良

積極、真誠的傾聽他人,並將注意力放在對方與你分享的內容上,就是善良的表現。而善意就在於接納對方原本的樣子。

你可以拿一個空的玻璃罐,當作「好話蒐集罐」,讓孩子把正向或讚美的句子放進去。

活動:善意傳接球

將全家人召集到客廳,圍成一個圈。

準備一根棒子或一顆球,拿著東西的人要對其中一位家人說一句真心、正面的好話。說出好話的人跟接受好話的人,要花點時間感受一下內心的變化(感覺、情緒或是想法、期望有沒有什麼改變)。

接受讚美的人接過球或棒子,成為下一個說出真心話、傳達善意的人。每個人輪流,直到所有人都表達出自己的內心話,也收到讚美為止。

創造力

身為人類,創造力是我們與生俱來的寶貴能力。但隨著時間的變化,若沒有加以培養,就可能會逐漸消失。此外,

學習溝通小活動

創造力在我們的社會中,常常是被低估的能力。

為了促進孩子全能發展,我們得激發孩子的創造力。

激發孩子創造力的方法有很多種,像是一起準備一道菜、一起編一個故事、畫畫或做手工藝等活動。

活動:製作可食用顏料

和孩子一起製作特製顏料來作畫,需要的材料有:4份玉米澱粉、食用色素、2份熱水、1隻湯匙和1個容器、裝顏料的小罐子數個、1張紙、美術工具(畫筆工具、印章,雙手也可以)。

準備好這些材料後,就讓我們一起盡情發揮創意吧!

處理孩子的情緒怪獸

深呼吸

　　深呼吸，感受自己的呼吸和身體的起伏。如果家人們都能花一點時間練習靜心，對全家都有幫助。

　　首先，先深吸一口氣，然後慢慢的吐氣，重複幾遍。

　　你可以先閉上眼睛，引導孩子跟著你一起做，觀察他的呼吸，跟著他的節奏。例如：吸氣 5 秒鐘，讓氣充滿肺，然後慢慢吐氣 5 秒鐘。1 分鐘為一個循環，重複 5 輪。

　　可以放一些輕柔的音樂讓孩子放鬆，或放點天然精油（例如薄荷或洋甘菊，幼齡小朋友可以選擇橙花水）。

活動：蠟燭遊戲

　　點一支蠟燭，請小朋友向蠟燭吹氣，但要控制不能把它吹熄。遊戲方法如下：

　　在開始吹蠟燭前，請孩子先深深吸一口氣，然後慢慢吐氣。可以閉上眼睛，想像蠟燭的光芒和溫暖。

接著讓孩子再次吸氣,然後閉氣,把空氣留在肺部,靠近蠟燭,用嘴巴對著燭火。請他以最慢、最輕柔的方式吹氣,小心不要讓燭火熄掉了。

你和孩子可以輪流進行這個練習,重複大約 5 次。

此外,你們也可以試試看另一個小遊戲:在地上設定一條路徑,慢慢吹動羽毛,讓它沿著這條路徑移動。

心靈放空

孩子需要有自己的「放空時間」,讓內心的想法自由來去。這種放鬆,可以使他身心休息,讓他重新充電、獲得能量,因此這樣的時間與空間對孩子來說非常重要。充飽電了,才能再次探索周遭的環境。

活動:熊熊家族

可以問問孩子,想不想別人幫他按摩背部,並在按摩時,講一個有關三隻小熊想爬到高處拿蜂蜜罐的故事。

小孩可以坐著或趴著,由他自己選擇。找到最舒服的姿勢之後,就可以開始講故事了。

處理孩子的情緒怪獸

　　小小熊慢慢的往上爬（講到這裡時，用手指輕輕在小朋友的背走動），他到左邊的肩膀找蜂蜜罐，他找啊找，滑到手臂上，但在這裡他什麼都沒找到（隨著提到的部位，手指可以跟著移動）。

　　因此，他又回到背部（用雙手覆蓋孩子的背）。當小小熊回到媽媽的身邊時，媽媽給了他一個大大的擁抱（用畫圈的方式按摩孩子的腰部）。

　　熊媽媽決定努力一下，再往上爬一點（將手掌的力道加大一點點），接著往右邊的肩膀去找蜂蜜罐。她找呀找，滑到手臂，又爬了上去，也是沒找到。於是他又沿路滑到背部（用雙手貼住覆蓋住背部）。

　　當熊媽媽回到家時，他又給小小熊一個擁抱（用畫圈的方式按摩腰部）。

　　最後，換熊爸爸去找蜂蜜了。他由下往上爬了整個背部山（這裡將兩手握成拳頭，慢慢加壓揉孩子的背。當按摩按到脖子時，換成用手掌按摩，由上往下雙手交替移動，然後用兩隻手握住肩膀。這個動作重複 3 次後，可將手移回到脖子跟頭連接的凹陷處）。

　　他找啊找，終於找到了那瓶夢寐以求的蜂蜜罐。爸爸於是沿著背部滑下來，回到家裡，和小小熊、熊媽媽一起享用美味的蜂蜜，和他們抱抱（這時可以按摩一下小孩的腰部，

將雙手放在腰部脊椎的兩側,由下往上輕輕按壓,直到肩膀。然後沿著他的手臂將雙手向下滑,滑回原來的腰部處,停留幾分鐘)。

到這裡,按摩就結束了,問問孩子感覺如何?他可以繼續維持同樣的姿勢,而你幫他蓋上棉被。

按摩時,手的力道可以依據孩子的喜好程度作調整。故事裡「蜂蜜罐」這個元素也可以找其他的物品代替。

活動筋骨

跳舞、瑜伽等活動可以讓孩子自由活動筋骨,探索身體的奧妙。模仿一些動物、植物,像是烏龜、蝴蝶、大樹等,仔細觀察孩子的動作,共度一段互相分享與交流的時光。

處理孩子的情緒怪獸

活動：瑜伽下犬式

在瑜伽墊上，讓孩子四肢著地、呈跪姿，手掌撐地，背部挺直，手臂伸直。

接下來讓膝蓋離地，臀部向天空頂高，腳跟抬高，腳指點地。停留數秒後，腳跟往地上放，雙腿打直，同時頭部放鬆自然向地板下垂。

重複這個動作 5 次。

最後，以「嬰兒式」結束伸展，像是縮成一顆球：回到跪姿，額頭貼地，屁股坐在腳跟上，手臂放在身體的兩側。這時可以閉上眼睛，平穩呼吸，休息 30 秒至 1 分鐘。

冥想

透過冥想，孩子可以學會放鬆肌肉及心理壓力，且更加了解自己的情緒。當他專注在自己的呼吸時，注意力不但能

提升,也能學會專心聽他人說話。這也同時能夠增強他的自信心,以及對他人的信任。當你和孩子在這樣的共享時刻,會有一種平靜的氛圍,你們彼此既是獨立個體,但又互相連結,而且有某股溫暖的能量正在你們之間流動著。

這時,你可以建議他閉上眼睛,全神貫注在自己的身體和感受上,並問他:「你感覺你的呼吸怎麼樣?有比平時快嗎?呼吸有沒有什麼困難?身體上有沒有哪裡感到不舒服或緊繃的呢?」

活動:魔法森林

向孩子提議找到自己最舒適的姿勢,坐著或躺著都可以。如果他想閉眼睛,也可以把眼睛閉上。幫孩子蓋上一條毯子。開始進入冥想。

深呼吸,空氣輕輕的從鼻子進到身體,然後慢慢將空氣從嘴巴吐出,氣越長越好。吸氣──吐氣──一次⋯⋯兩次⋯⋯三次⋯⋯好,現在恢復到正常的呼吸。

現在,你的身體非常安穩的躺(坐)在地上,而你即將前往一座神祕的魔法森林,展開一段奇妙的旅程。

有一匹漂亮的白馬來接你,你小心的跨在牠身上,馬兒輕輕的小跑步,走向森林中一條小路,進到了森林裡⋯⋯。

馬兒停在一片綠油油的草原上,讓你從牠身上下來。你的四周都是又鬆又軟的青草,你可以調整自己的姿勢,找到你覺得最舒服的樣子。

感受一下,微風正輕輕吹拂你的臉龐、小草輕輕劃過你手掌的感覺。從你所在的地方可以看到天空。哇,天空好遼闊,陽光照耀著大地,將天空的顏色由黃轉成橘色,有些地方又有粉彩色,還有一點點粉紫⋯⋯繽紛的色彩通通混在一起。這些顏色是如此美麗,你好像身在彩虹當中。

你的身邊開始有五顏六色的蝴蝶翩翩起舞,你聽到了大自然的聲音環繞著你,你現在感覺非常的舒服,蝴蝶們也輕輕圍繞在你身邊,有些還停在你身上⋯⋯。

其中一隻蝴蝶,灑下金光閃閃的粉末,你碰到它的時候,感覺全身閃爍著光芒,全身都在變化。

慢慢的,你的手指、手臂也變成了像蝴蝶那樣的美麗翅膀。你的身體變成了一隻美麗的蝴蝶,有黃色、橘色,還有藍色的鱗片。

你發現你的周圍還有好多蝴蝶,你觀察它們的舞姿,開始享受使用新翅膀的樂趣。揮揮你的手臂,像蝴蝶一樣拍拍翅膀。每一次慢慢的揮舞,你都能感受到空氣的流動,身體也變得輕盈。

你也感覺到這樣在空中起舞的快樂,美麗的舞姿、自由

又輕鬆,非常美妙……。

你開始越飛越快……感受到風吹拂過你的臉龐,穿過你華麗的翅膀,你是如此的快樂……。慢慢的,你放慢了速度,回到原本的路上,穩穩降落在草地上,停留休息。

你靜靜躺下,小蝴蝶躺在以青草做成的窩休息。

這時,你打開翅膀,頭放在地上,身體漸漸恢復成小孩的樣子。感受一下你的身體和柔軟青草接觸。輕輕的,馬兒將你拉起,帶著你繼續前行。

慢慢的、輕輕的,你回到了自己溫暖的被窩,蓋著暖和的被子,就跟剛剛在魔法森林裡一樣,又暖又舒服。

現在,你知道,當你想要讓自己感覺舒服、想要放鬆的時候,你可以隨時用這個方法再次進入魔法森林。

CH. 3
大自然是最好的遊樂場

自然能豐富我們的人際互動、情緒與覺察能力。和孩子共同成長，家庭生活更幸福。

第三章 大自然是最好的遊樂場

1. 玩，讓孩子學習成為自己

人類身為群體動物，孩子發展與成長過程中，與我們和他人的往來互動是不可或缺的。小孩會持續透過和周遭環境互動，不斷在社會化的過程中建構自我。身邊的人與周遭環境會大大影響孩子的成長與行為。

大腦從懷孕期間就開始形成，並在成長中漸漸發展。

我們知道，廣義的環境因素（如壓力、飲食、吸菸等）會影響基因表現，而這些是「表觀遺傳學」研究的主題，屬於生物學研究的分支。表觀遺傳學專注在那些影響基因表現，但不改變DNA列序的環境因素。

所謂的「遺傳學」，是將基因作為「書寫」來看待，而表觀遺傳學就是「解讀」基因。

研究顯示，基因的表現在孩子早期人生經驗中，扮演著關鍵角色。幼兒的大腦對環境非常敏感，不過，這些生物機制其實在很大程度上是可逆的。

> 人生有無限的可能，即使我們人生的起跑點並不順利，也不代表就是失去一切。若要改變我們的行為模式，需要投入大量的時間與精力。因此，不只從懷孕開始就要好好照顧胎兒，在孩子年幼時，細心照顧也非常重要。

兒童的表觀基因會隨環境有所變化：

- 穩定、安全感十足、飲食健康，且充滿愛的親子關係裡，會有正向的發展。
- 人際互動不安全、緊張，或是接觸有害物質的環境下，發展則呈負面。

我們知道，孩子剛出生那幾年的經歷，對於他整體的發展非常關鍵。除了基因以外，神經連結對大腦發展有重要的影響。

事實上，神經連結的基礎從幼年期就開始。在成長的過程中，孩子透過各式各樣的經歷，學會如何與他人和周遭環境互動。這個階層的學習會啟動他的神經細胞、強化或是削弱某些連結。

每一天接收到的訊息與體驗，會促進孩子情緒、認知、動態、邏輯、語言及記憶能力的發展。

感官環境指的是孩子透過感官接收到的所有感覺與體驗。此外，感官訊息還包括來自身體的各種感覺。刺激感官的來源可能有以下這幾種：

- 來自身體內部的刺激，如血液流動、內臟器官的活動等。

- 外在嗅覺和味覺的化學刺激。
- 光線、聲音、壓力、冷熱等物理的刺激。

我們目前知道,孩子的感官環境品質會影響到他心理、情感層面的發展,尤其對孩子接收刺激後的復原能力,有著重要的影響。

而在智力發展層面,感官環境也扮演了極為重要的角色。為孩子提供適合的環境,多給予他探索的機會,並在探索過程中觀察他的表現。這樣一來,我們就能從旁給予支持,也讓他在自我行動當中感到自由。就像心理學家安妮－瑪麗・方亭(Anne-Marie Fontaine)所說:**父母的陪伴就像是黑夜中的燈塔。**

孩子周遭的環境,我們可以再細分為社會環境及物質環境兩種。

社會環境

社會環境對孩子的認知、情緒及社交發展,都有著深遠的影響。

離孩子最近的社會環境,對他的成長影響最大。當這樣的環境是建立在積極傾聽、和善和互相信任的基礎上,孩子就能安心成長。當他在探索和理解周遭環境時,也能樂在其

中,感受到他人對他的關愛。

和親近的人相處時間越長,越能使孩子建立更多的依附關係,促進他全面發展。越多的互動也能讓他更敞開心胸、激發對這個世界的好奇心。

比方說,當孩子在與爸媽以外的人交談時,有時他們的表達未必非常清楚。這時,他就會試著用其他的字詞或用不同的方式重述一遍,這樣的行為會順帶擴充他自己的詞彙和語言表達能力。

在家裡的交流與互動,可以讓孩子更認識自己從哪裡來、自己在家裡的地位,也會帶給他安全感,幫助他建立自我認同感。

如果父母分居,孩子和其他家庭成員保持良好的聯繫更為重要(無論這些聯繫是否對孩子有不良的影響),這樣的親密關係對孩子而言是很重要的精神支柱。

再者,學校環境也很重要。因此,對於每日陪伴孩子的老師或照護者保持信任感非常重要。若孩子的行為出現變化時,要留意他的反應。

物質環境

許多孩子從很小的時候,身邊就充滿各種玩具與遊戲。但是,**對孩子真正重要的並不是玩具或遊戲的數量多寡**,而

是遊戲簡單易懂和多樣性。

當然，考慮孩子的興趣非常重要，因為只有當他們從事感興趣的活動時，才能享受探索的過程，真正發展並培養注意力和專注力。

要創造一個豐富、充滿樂趣的空間，應該從孩子的角度出發，你可以回想自己小時候享受遊戲樂趣的經驗。

「如果孩子所在的感官、情緒環境相對穩定的話，他童年時所獲得的自信與保護因子，就能伴隨他一生。」——鮑赫斯・西呂尼克（Boris Cyrulnik）博士，法國神經精神科醫師兼精神分析學家

父母要喚醒自己的內在童心

為孩子打造適合的探索環境，將空間布置成能引發探索的樣子。將相同類型的玩具，依照遊戲難易度分類排列，可以讓他自己選擇喜歡的活動。

空間的布置與風格，以簡潔、色彩柔和為佳，以免過度視覺刺激。此外，有聲音的玩具也需要留意聲音是否太大，導致影響孩子的聽力。

在挑選玩具時，必須注意以下幾點：

- 購買有檢驗合格標章的遊戲玩具（如 ST 安全玩具標章、燕尾標示）
- 挑選天然的材料，像是木製、天然橡膠等，塑膠則可選擇聚丙烯或 ABS 樹脂。
- 留意包裝上的警語（例如：適合○歲以上、有小零件須注意避免誤食等）。

玩遊戲是孩子的基本需求

玩遊戲是激發好奇心、共享精神、喜悅的源頭，孩子的自信與自我價值都會因此提升。

基本上，小孩能自由而無拘束的活動，受到的限制越少，才能讓他們自發探索周遭環境。我們可以準備一些柔軟的靠墊，當他需要放鬆、尋求安全輔助時就能使用。

對孩子來說，玩遊戲是一種基本需求，也是他們的主要活動。法國著名親子教養專家馮絲瓦茲‧多爾多（Françoise Dolto）說過：「**遊戲，即是學習如何成為自己的過程，學習如何獨處，也學習如何與他人相處。**」

遊戲，是孩子塑造自我的過程，能夠增加他的自信心，加深其對自我的認識。他會在過程中開發自己身體的潛能，並了解自己的行為如何影響周遭的人或環境。

在小孩玩耍的過程中，身為爸媽的我們可以在他們身旁

第三章　大自然是最好的遊樂場

陪伴，或以旁觀者身分觀察，並用眼神及行動適時給予回應與支持。這樣一來，孩子便知道他能在由你守護的安全環境下，自由自在的探索、測試自己的能力。

年齡	適合的遊戲	好處
0～3歲	疊疊樂、拖拉小貨車、填裝或是倒空遊戲，扮家家酒（如：洋娃娃、餐具組、小醫護工具組）、蓋房子遊戲、黏土、畫畫（彩色筆和粉筆）、滑步車、童書等可刺激感官的遊戲。	豐富的環境，有助於建立孩子的情感連結和安全的依附感。
3～5歲	樂高、積木、串珠遊戲、手作／園藝遊戲、桌遊、木製水果／蔬菜切切樂、拼圖、三輪車、穿線遊戲、模擬廚房、書籍和漫畫等。	能讓小孩探索和理解周遭環境，並發揮想像力和創造力。
6～10歲	主題遊戲、策略遊戲、桌遊、密室逃脫、益智遊戲及故事性的互動書等。	能加強人際關係的連結，刺激孩子探索和嘗試的興趣。

以上表格不是全然詳盡，年齡層標示也僅供參考，還是得依你的孩子實際需求、興趣和能力和他一起遊戲。

除此之外，**玩具、衣服、顏色和頭髮的長短等，都是不分性別的**。其實，孩子挑玩具時，只會看到玩具本身玩法及

179

其開發各種玩法的可能性。因此,如果我們根據性別挑選玩具或遊戲時,可能會向孩子傳遞出錯誤的訊息,也會讓他產生以下的感受:

- 某些活動不適合我(即使我對這個活動很有興趣)。
- 爸媽認為我沒有玩這個遊戲的能力。
- 爸媽沒發現我想要探索新事物。

時間久了,孩子浸淫在這樣理解世界的觀念當中,二元性別(男生／女生)中的特定自我形象也就會被固定。當孩子無法自由體驗各種遊戲時,他的身分認同更會依賴周遭大人所給予或反映的刻板印象,而並非透過自己摸索而理解。

此外,**許多日常物品對孩子而言,並不局限在它的既定功能之上,他們看見的是物品本身能夠把玩的無限可能性。**

讓孩子放手玩,去探索無限可能吧!

物品	觀點	
	爸媽	小孩
一把椅子	椅子是拿來坐的。	是用來爬上爬下、玩躲貓貓、想像冒險的工具。

第三章　大自然是最好的遊樂場

　　隨著孩子成長，他周遭的環境自然會改變，而你的觀察會是很好的指引。請給予孩子足夠的時間，並尊重孩子的步調。若強行將孩子（嬰兒）放在一個他尚未掌握的環境，或是還沒辦法學會的姿勢，對你和孩子都沒有好處，像是在寶寶還不會爬起來坐著時，就讓他坐在墊子上。

處理孩子的情緒怪獸

2. 大自然教會我們的事

陪伴孩子探索自然，讓他體驗一段驚奇、刺激的感官冒險，是成長不可或缺的體驗。

法國衛福部幼兒對待憲章（Cadre national pour l'accueil du jeune enfant）第六條即言：「幼兒透過感官認識這個世界，其中身體、認知、情感、情緒和社交生活都融入在此。而親近大自然就是了解世界，學會熱愛這個世界，也更尊重這個世界。」此條文強調了親近自然對孩子成長和全面發展的重要性。

流行病學醫生帕亞姆·達德萬（Payam Dadvand）和他的團隊證實，自然環境為孩子提供了獨一無二的學習機會，例如：自我價值、承擔風險、探索、創造力、情境掌控等，都是孩子能在大自然裡學到的事情。

此外，親近自然會引發各種情緒反應（例如驚喜），這不僅能增強孩子的心理素質，還對認知發展有積極、正面的影響。

與人造環境不同，大自然本身充滿了曲線，能教會我們以全新的角度看待世界。隨著時間、季節、光線不同，大自

第三章 大自然是最好的遊樂場

然千變萬化。感知自然的變化,對大腦功能的發展有很深的影響,特別是針對我們的視覺感知。

以下這些方法可以讓孩子探索自然、體驗它的好處:

- **體驗寧靜**:與孩子一起進行不同的寧靜體驗,例如靜靜散步,只聆聽周圍的聲音,讓自己的思緒和情緒自然浮現。
- **覺察自己的呼吸**:鼓勵孩子專注在自己的呼吸上,可以請他按照自己的呼吸節奏來調整,觀察呼吸時身體的變化(像是肚子或是胸腔的起伏)。
- **學會欣賞**:散步時,當小孩指出他覺得漂亮的自然元素時,不妨停下來一起欣賞。可以問他一點問題,和他討論他觀察到的事:「你看到了什麼?」、「你覺得哪裡美?」、「你有什麼感覺?」
你也可以分享自己的觀察,讓他更知道該如何體驗這樣片刻的美好。這些都能幫助孩子探索自我。
- **懂得自己的界線在哪裡**:身處大自然之中,孩子能測試自己的體力、意志力的極限在哪裡。他將學會如何克服困難,並在考量自身能力和環境的狀況下實現自己的願望。
- **激發想像力與創造力**:利用樹木、石頭等自然元素,

讓他們解放自己的想像力。小木棍可以變成釣竿，石頭可以是海盜船，自然擁有無限的可能性！
- **提升體能**：在戶外環境中，兒童可以盡情釋放體力，增進他們整體的運動能力。在走路的過程中，鍛鍊平衡感、靈活度和柔軟度。
- **增強專注力**：釋放多餘的精力，可以讓孩子在其他活動中集中注意力。
- **發展社交能力**：當孩子發揮想像力，創造各種情境與扮演不同的角色，合作、解決問題、幫助他人和分享知識的能力就能逐漸發展。這有助於讓他了解他在家庭中扮演著什麼樣的角色，構築令他安心的歸屬感。
- **減少壓力**：親近自然能使孩子在面對自己、他人與周遭環境時，產生積極且正面的情緒，也使他釋放緊張感，減少心理壓力，這樣一來他就能更專注在自己與周遭的人身上。同樣的，大自然也為孩子提供更多表達情感的空間。
- **增長學科知識**：常在大自然玩耍的小孩，會在不知不覺中學會一些學科知識，像是辨別水的不同狀態（化學）、利用槓桿原理撐起重物（物理）、數數花瓣的數量（數學）等。在實際的觀察當中探索重力、

第三章　大自然是最好的遊樂場

聲音、運動等概念，擴充他們在數學、物理、化學等領域的理解。
- **建立自信**：對小孩而言，大自然基本上就是個充滿挑戰的遊戲場域。當他身處於此，便能學會做決策、解決問題，並從中獲得成就感。因為擁有這些經歷，他將懂得「失敗」並不是真正的挫敗，而是學習和前進的動力，並打開無限的可能性。
- **喚醒感官能力**：感官是我們與外界接觸的途徑，我們擁有聽覺、視覺、味覺、嗅覺、觸覺這5種基本感官，另外還有前庭覺和本體覺，這些感官讓我們能夠接收環境中的訊息。

位在內耳的前庭覺負責感知我們身體、物體和周圍的動作，在保持平衡中扮演重要角色。本體覺則是透過位於肌腱和肌肉纖維中的接受器，讓我們感知身體在空間中的位置。

感官體驗
- **感覺階段**：大腦接收外界的訊息、身體捕捉外界刺激的時刻。
- **知覺階段**：大腦將訊息具體化、解釋並形成理解。
- **感官調節**：過濾刺激的過程，大腦會篩選訊息，只專注在它認為重要的部分。

感官刺激，增強運動、智力及社交能力

感官體驗是孩子接觸周遭環境的第一步，對他們的運動、認知和社交能力的發展有很深遠的影響。

透過感官系統，幼兒得以發展感知運動系統。這一階段非常重要，因為它讓孩子得以藉由感知感官訊號認識世界。在感官受到外物吸引後，孩子會受到刺激，進而想要移動、抓取周圍的物品，探索他身邊的環境。他們會先做出簡單的動作，接著逐漸發展出更複雜的行為。

感知運動發展階段與整個中樞神經系統的成熟度息息相關。所謂「感知運動能力」，是孩子接受到不同聽覺或是視覺的次刺激，並將感知轉化為具體運動的行為能力。

認知發展和感官系統的運作密切相關，兩者也相輔相成。自由的玩耍、遊戲能讓孩子刺激自己的各種感官，有助於他更了解自己的身體和周遭環境。運動、活動筋骨對智力的發展來說也很重要，當孩子能夠自由玩耍、嬉戲時，他會更容易理解周遭世界所發生的事。

孩子的成長不是呈直線上升，比較像是階梯式成長。他在進步的過程中，可能有時會停滯、趨緩，甚至倒退，這些都是正常的現象。

第三章　大自然是最好的遊樂場

認知發展

感知運動發展

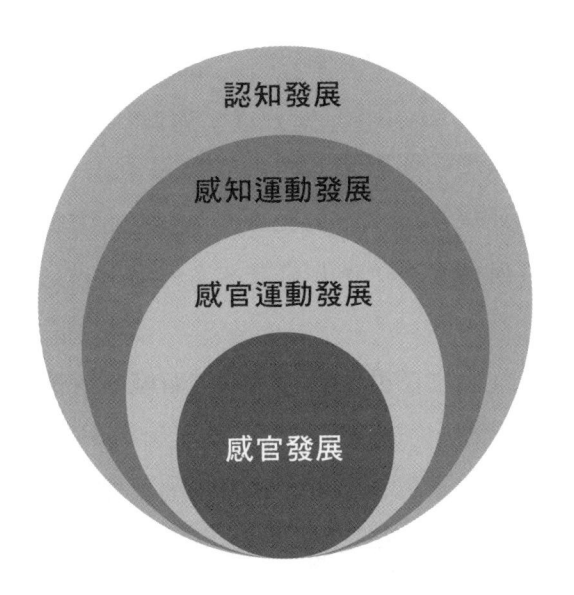

感官運動發展

感官發展

當你和孩子在公園或森林裡散步時，可以停留片刻，透過五官來觀察周遭環境：

- **視覺**：孩子在出生前就能感受到光源，且周邊視覺已經成熟。出生時，寶寶的視力模糊，只能看得到黑白兩色。接收光線能幫助孩子逐漸調節作息，像是晝夜變化。3個月大時，寶寶能開始辨別顏色，到3歲時視力將接近成人水準。

  和孩子一起靜靜觀察周遭環境，例如：辨認植物、地面、天空中的色彩對比，留意光影的變化等。也可以問問孩子看到什麼，請他講出4樣東西。

- **聽覺**：媽媽懷孕 6 個月時，胎兒便能感知母親體內和外部的聲音。出生後，孩子會認出父母的聲音，以及在母體中所聽到的熟悉聲音。

  在戶外環境（安全的地方）讓孩子閉上眼睛，辨識 4 種不同的聲音，例如風聲、鳥叫聲、遠處的車聲等。

- **觸覺**：胎兒在第 3 個月開始就有觸覺，能夠感受到羊水的震動。

  試著讓孩子輕輕觸摸 4 種不同的物體表面（如樹皮、葉子等），感受一下它們不同的質地。

- **嗅覺**：觸摸不同的物體表面後，請孩子將鼻子靠近這些東西聞聞看（例如：葉子、花、菌菇、腐葉的味道）

- **味覺**：胎兒在第 3 個月起，就會透過母親食用的食物建立味覺偏好，因為這些食物會輸送到羊水中。透過吞嚥羊水，胎兒會逐漸學會區分甜味與鹹味。

  觀察自然景色，讓孩子說出他看到的顏色，然後將顏色與他認識的食物聯想在一起，並討論這些食物的味道（酸、甜、鹹、苦、辣等）。

第三章　大自然是最好的遊樂場

　　從古希臘哲學家亞里斯多德（Aristote）的那個年代起，就已經知道人類具有 5 種感覺器官。不過，現代的科學已經證實，加上以下這 4 種感覺，人類其實擁有 9 種感官：

- **本體覺**：幫助感知身體在空間中的位置。完整的身體意識通常在 6 歲以後才會完全形成。
- **前庭覺（平衡感）**：由內耳的前庭系統所控制，讓我們能保持平衡。
- **溫度感知**：讓我們感受到不同的溫度變化。
- **痛覺**：用來感知疼痛刺激的一系列感官反應，具有防禦作用。

3. 接觸生態，別怕弄髒了自己

對年幼的孩子來說，討論「環境生態永續發展」這樣的抽象概念有點難理解。不過，我們可以透過引導孩子接觸生態環境，培養他們對環境的重視。

讓孩子自由的在大自然裡探索吧！葉子、小石頭、泥土、水坑……如果玩耍的時候弄髒了自己，爸爸媽媽請別不開心，因為他們很認真的在進行實驗喔！

經過大自然的洗禮，孩子會感受到快樂、驚奇，也使得他們的創造力增加，有助於發展與成長。漸漸的，孩子會理解大自然的運作方式，成為一位有責任心的環保小尖兵。

認識環境與環保

為了讓孩子了解大自然，你必須先向他們介紹大自然：

・觀察自然

閱讀有關動植物、季節變化的書籍，或直接帶孩子出門散步，讓他們透過感官感受風、雨、陽光、草地和樹葉。

如果有合適的場地,可以帶他們摘水果、蔬菜或香草,並親自品嘗這些蔬果、探索其生長和季節的變化。或讓小孩嘗試園藝、照顧盆栽,像是小番茄、草莓等,透過種植、除草、澆水等步驟,觀察植物不同的生長階段。

沒有很大的環境和空間也沒關係,只要開始接觸,潛力無限!

・親身體驗

讓孩子親自進行一些簡單的實驗。

比方說將水變成冰,探索水在不同溫度下的不同狀態。若你有種植盆栽或蔬果,可以讓孩子使用自己的小工具幫你的忙。

・盡量步行或騎腳踏車進行短程移動

這樣的交通方式不僅經濟又健康,還能增強孩子的免疫力和體能。同時,也是讓他們了解車輛汙染和環保議題的好時機。

・介紹什麼是能源?

當孩子問起「什麼是電?」、「燈光是怎麼來到我的房

間的？」、「這些能源從哪裡來？」等問題時，就是正確教養的好時機。我們可以利用和能源有關的兒童讀物，向他們解釋這些概念。最重要的是，讓孩子了解電並不是魔法，它和水一樣是寶貴的資源，需要節約。

・垃圾分類

從小就要讓孩子了解垃圾分類和回收的重要性。

可以先解釋「生物降解」的概念：某些垃圾可以被自然分解，有些則無法。直接丟棄在自然環境中的垃圾會汙染環境、破壞風景美感。

讓孩子在沒有壓力的情況下，以遊戲的方式學習資源分類。此外，在家中設置不同的垃圾桶給孩子練習，當他主動或成功分類時，給予鼓勵。

・自己動手做

有些廢棄物可以再利用、延續生命，例如：紙箱、寶特瓶等。

爸媽可以帶著孩子，將裝商品的紙箱變成他的祕密基地、小屋或籃球框。若小孩年紀更大，就讓他自由發揮，用這些物品創造自己的遊戲。

・以身作則

為了讓孩子更關注環境,父母需要養成良好的習慣,以身教的方式,實踐環保行動。

・學習負責任的消費

購物時,可以引導孩子思考一些跟消費有關的問題,例如:「我真的需要這個嗎?為什麼?」或在採買食物時問:「這種水果或蔬菜是在夏天生長,還是冬天?」

水果和蔬菜產期月曆

月份	盛產蔬菜	盛產水果
一月	皺葉萵苣、甜椒、綠花椰、冬筍、油菜、羽衣甘藍、馬鈴薯、茼蒿	桶柑、紅甘蔗、蜜棗
二月	白花椰、福山萵苣、包心白菜、胡蘿蔔、洋蔥、猴頭菇、蒜苗	茂谷柑、草莓
三月	牛番茄、美白菇、韭菜、青蔥、櫛瓜、紅鳳菜、胭脂茄、白鳳菜	楊桃、枇杷、桑椹
四月	四季豆、箭竹筍、黃豆芽、龍鬚菜、扁豆、地瓜葉、秀珍菇、蘆筍	胭脂梅、烏梅

處理孩子的情緒怪獸

月份	盛產蔬菜	盛產水果
五月	小黃瓜、黑木耳、空心菜、秋葵、絲瓜、刺蔥、紫蘇、豇豆	蓮霧、櫻桃、山竹
六月	麻竹筍、九層塔、栗子南瓜、白玉苦瓜、蓮子	金鑽鳳梨、西瓜、榴槤、李子、荔枝
七月	草菇、扁蒲、紅莧菜、珊瑚菇、銀耳、冬瓜	芒果、水蜜桃、香瓜、香蕉、檸檬、龍眼、百香果
八月	花椒、碧玉筍、金針花、韭菜花、山苦瓜	巨峰葡萄、金桔、藍莓、水梨
九月	青木瓜、玉米筍、青椒、韭黃、山藥、山茼蒿、蓮藕、綠豆芽	文旦、蘋果、火龍果、奇異果、木瓜
十月	白胡椒、茭白筍、青花菜芽、青江菜、玉米、球芽甘藍	蔓越莓、柿子、芭樂、白柚
十一月	小白菜、白蘿蔔、蘿蔔嬰、芥蘭菜、山蘇、荷蘭芹、大頭菜	西洋梨、柳丁、葡萄柚、哈密瓜
十二月	菠菜、香菇、芫荽、杏鮑菇、高麗菜、結球萵苣、櫻桃蘿蔔、山葵	仙桃、無花果

* 參考改寫自食令日曆〈選購當季蔬菜好處多！認識春夏秋冬的當令蔬果〉：https://www.foodforseason.com/blog/%E7%95%B6%E5%AD%A3%E8%94%AC%E8%8F%9C/?srsltid=AfmBOoqdb6pdyDbcyr0-1M3qYErXdkrLDZ7enbnee5bfDhUBMB0N-buq〉

・淨山、淨攤活動

帶孩子到森林或海灘散步時,可以邀請他一起撿拾地上的垃圾。別忘了為他戴上手套,以免受傷。不需要強迫孩子做,先由爸媽示範,小孩觀察之後可以隨後加入。

可以向他解釋為什麼要做這件事,例如:遺棄在沙灘上的塑膠會隨著潮汐進入海洋,魚類、海龜等動物難以分辨食物和塑膠,就會把它吃進肚子裡。有許多海洋生物無法消化誤食的塑膠,導致窒息或影響它們的健康。

根據〈盡一份心力?個人、企業和政府面對氣候緊急狀況的責任〉報告(由 Carbone 4 發表),再微小的日常環保行為都可以減少我們的碳足跡。每個人都可以在自己的能力範圍內,實踐環保行動。

「孩子是環境的探險家。他將成為一位創造者,試圖理解並行動,重新打造周遭世界。」——讓・艾普斯坦(Jean Epstein),心理社會學家

環境荷爾蒙的危害

環境荷爾蒙(又稱內分泌干擾素)可以是天然或合成的化學物質,如塑化劑、農藥等,它們會對生物體的荷爾蒙功能產生有害影響。

內分泌干擾素 外來分子
- 模仿體內荷爾蒙的作用。
- 阻斷或飽和荷爾蒙受體。
- 體內荷爾蒙之合成、運輸、調節、作用模式、分解等受到干擾。

生活中常見的內分泌干擾物有：

- 雙酚類，如雙酚 A。會造成肥胖、糖尿病、心血管疾病等。
- 鄰苯二甲酸酯（塑化劑的主要成分）。孕婦長期接觸會透過胎盤進入胎兒的血液循環，影響其神經行為發展；兒童長期暴露除了影響腦部（情緒、行為、智商）之外，也會造成肥胖、氣喘及過敏等狀況。
- 對羥基苯甲酸酯（防腐劑）。會導致肥胖、異位性皮膚炎。它們表現出仿雌激素的作用，可能誘發乳癌（目前兩者的直接相關尚未證實）、使女童的青春期提早等。
- 全氟烷化合物及鐵氟龍，與肝癌、腎癌、腎臟癌、胰腺癌、糖尿病、白血病等疾病有關。
- 其他如：三氯沙（可能致癌）、農藥、食品添加劑等。

第三章　大自然是最好的遊樂場

　　這些成分可能存在於食品容器（如含雙酚 A 的容器）、清潔用品、農藥殘留的食物、化妝品（如含鄰苯二甲酸酯、防腐劑等）、受汙染的環境、日常生活中的塑膠或合成材料物品之中。

　　此外，還需特別留意食用色素與添加物：

- 某些添加劑可能對兒童的活動和專注力產生不良影響，例如偶氮色素（食用黃色 4 號 E102、喹啉黃 E104、食用黃色 5 號 E110、氮紅 E122、食用紅色 6 號 E124、食用紅色 40 號 E129），常見於廉價糖果或即食品之中。
- 硝酸鹽和亞硝酸鹽（E249、E250、E251、E252），常見於香腸、火腿、罐頭肉等加工肉品。
- 含氨或亞硫酸氨的焦糖色素（E150c 和 E150d），常見於醬油、燒烤醬、碳酸飲料等食品之中。

　　法國國家科學研究中心（Centre national de la recherche scientifique，縮寫為 CNRS）的某份研究報告指出，懷孕期間孕婦血液或尿液中測量到的 8 種化學物質混合物，包括鄰苯二甲酸鹽、雙酚 A 和全氟化合物等，會影響孩子 30 個月大（約 2.5 歲）時的詞彙量與語言表達能力。

美國《科學》（Science）雜誌也指出：「比起暴露於環境荷爾蒙程度最低的 10％的母親，若母親是暴露程度最高的 10％，其孩子在 2.5 歲時語言發展遲緩的風險將高出 3 倍。」（2022 年 2 月 18 日）

> **如何保護環境與避免內分泌干擾素？**
>
> ・每天都要讓房間通風，至少 15 分鐘。
> ・優先選擇成分簡單、盡量天然或有機的食品、清潔和化妝品。
> ・優先購買當季蔬果及本地農產品，有助於減少約 20％的溫室氣體排放。
> ・減少使用護理和清潔產品的數量。
> ・食用蔬果前一定要清洗。
> ・避免使用塑膠容器，特別是不要將塑膠製品放入微波爐加熱（如奶瓶）。
> ・不要在室內吸菸，尤其在孕婦或孩子附近。

4. 如何保護生態環境

聯合國政府間氣候變遷專門委員會（Intergovernmental Panel on Climate Change，縮寫為IPCC）的報告指出，立即採取行動以控制全球暖化、扭轉溫室氣體排放的趨勢已刻不容緩。

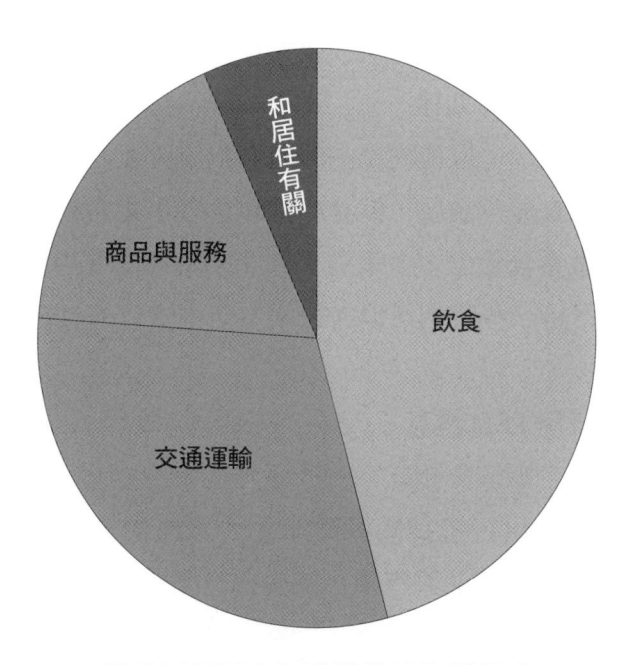

日常生活對溫室氣體排放的影響程度

上圖所提及的各個方面，在日常生活都是缺一不可。這張圖顯示了我們的飲食和外出交通，占了溫室氣體排放量極大的比例，若我們在這兩方面有所節約，對環保、地球生態就有很大的貢獻。

　　有些食物對生態環境的影響較大，例如：牛肉等各種肉類（溫室氣體排放量較高）、基因改造黃豆（抗蟲的基因改造作物可能連益蟲也一併殺害，影響生態平衡）、空運進口的生鮮產品（碳足跡較高）、大型魚類和甲殼類（塑膠汙染，大型魚類還容易累積重金屬汙染物）、乳製品（排放溫室氣體）、棕櫚油（多為大規模密集種植，導致大範圍雨林遭砍伐）、超加工食品等。

　　研究顯示，以植物為主的飲食對健康更有益。讓孩子保持均衡飲食非常重要，飲食中須包含碳水化合物、脂肪、蛋白質和微量營養素，並選擇天然、原始且當季的食材。

　　以下是一些我們可以在日常生活中實行的具體行動：

- 使用 LED 燈具。
- 減少攝取肉類。
- 短途出行選擇騎腳踏車、大眾運輸。若方便的話，也可選擇共乘汽車，減少自己開車。
- 避免搭乘飛機。

第三章　大自然是最好的遊樂場

- 購買二手商品（如衣物、家電、科技產品等）。
- 優先選擇當地食材。
- 開冷氣時，室內溫度不設定過低（一般建議設定在 26～28℃）。
- 朝零廢棄生活邁進。

「食物是二十一世紀人類生存的關鍵議題之一。」——EAT-Lancet Commission on Food，2019 年報告

你知道嗎？

- 每個人類攝取蛋白質的量，比實際所需多出了 45％。
- 冬季在加熱溫室中種植的番茄，其溫室氣體排放量是當季番茄的 4 倍。
- 全世界每年洗滌聚酯纖維衣物所釋放的塑膠微粒，相當於 500 億個塑膠瓶，這些最終都流入海洋。
- 紡織業的溫室氣體排放量占全球 2％～8％。
- 城市中，50％的汽車外出距離不超過 3 公里。
- 公路運輸是對氣候變遷影響最深遠的行業之一，甚至超過工業、農業和住宅。

處理孩子的情緒怪獸

第三章總結

- 我們所處的環境，會影響全家人的身心發展。有時候，適時的退一步評估環境，生活的品質會有很大的改善。例如：聲音（噪音）環境、視覺環境、氣味環境等，一起檢視一下吧！
- 大自然對孩子的整體發展有很多好處。多帶小孩到戶外活動，練習深呼吸，欣賞周遭美景。別忘了，要常運用我們的 9 種感官喔！
- 我們每個人都可以透過簡單的行為，為環保做出貢獻。而父母的身體力行，能幫助孩子了解並愛護他所成長的世界。
- 孩子的情感、認知、社交和活動等能力彼此影響，有助於他的學習和成長。然而，這些能力會因所處環境中的潛在風險和保護因素而受到影響。

賦予孩子安全感的關鍵
體育活動與社交互動
充足的睡眠
健康的飲食
足夠的情感支持

造成壓力、缺乏安全感的因素
內分泌干擾物
化學物質
電磁波／輻射
汙染

認識環境練習本

在實行接下來的練習前,先了解下列幾件事,能幫助你掌握這些工具。本篇分為兩個部分:

1. 給爸媽進入更高層次的練習:這些是專門為你設計的活動,能將前面討論到的主題帶進實作。
2. 處理孩子的情緒怪獸:設計給你和孩子一起進行的小活動,你可以陪他完成手作活動、引導他做瑜伽姿勢和冥想,或講故事和他互動。

唯有透過實作,我們才能真正感受、理解、學習,並將所經歷的體驗內化為自己的東西。

給爸媽：進入更高一層次的練習

練習一

回想一下，有沒有哪些是你經常對自己說的指令。例如你內心常常會對自己說：「應該要這樣才對……」、「我必須……」、「我們應該……」、「這就是規定」等。

接著，請分析一下為什麼會出現這樣的聲音，你可以反問自己：「這是誰說的？真的是這樣嗎？這是誰規定的？這是事實嗎？真的每次都這樣嗎？能不能舉一個反例呢？」

與內心對話，傳達鼓勵、更貼近真實、更愛護自己的訊息給它：**我全心全意接受自己，雖然不完美，但我接受這樣的自己。**

在開始下一個活動之前，先了解以下幾個不同的概念。

還記得本書一開始提到的「馬斯洛需求金字塔」嗎？現在讓我們將這個理論與「螺旋動力理論」相互比較，這兩個理論都描述了人類需求的發展。

馬斯洛的金字塔理論認為，高級需求只有在低級需求得到滿足後，才能被滿足；而螺旋動力理論則是將需求、價值觀的確認、行為及每個發展階段所帶來的情緒，都考量到架構裡。每個階層沒有絕對的優劣之分。**而在有壓力的情境**

下，人可能會回到較低的需求階層。

　　心理學教授葛瑞夫斯（Clare W. Graves）的螺旋動力理論，展示了人一生中會經歷的8個階層：生存（代表色為米色）、融合（紫色）、身分認同（紅色）、秩序（藍色）、個人主義（橙色）、交互主體性（綠色）、全面思考（黃色）和宇宙意識（青綠色）。而他所謂的「意識」，是指心靈的開放程度，即與世界的連結程度。

以「我」為中心的視角

全面思考（黃）：
渴望知識、自我意識增強

個人主義（橙）：
追求效率、競爭、策略
階段：青春期

身分認同（紅）：
自我肯定、探索、衝動
年齡：2～3歲至5～6歲

生存（米）：
求生本能、直覺、自動反應
年齡：新生兒

以「我們」為中心的視角

宇宙意識（青綠）：
靈性、智慧、共融

交互主體性（綠）：
同理心、合作
無特定年齡

秩序（藍）：
規範、道德、階級觀念
年齡：約3～8歲

融合（紫）：
未區分自我、安全感
年齡：1個月至2～3歲

我們可以對自己、事物、他人及宇宙等有所覺察。這個螺旋是動態的,我們會隨著情緒、情境、話題、生活、社交環境和外界的影響,而提升或降低至不同的層級。

當我們達到自己的穩定意識層次(即你的重心所在),便不會再降到較低層次,且每次層次降低,都只是暫時的。而螺旋的底端,象徵著本能,頂端則代表著智慧——最高的意識層次。

生存(米色)

> **生命階層**:新生兒,剛出生。
> **個體狀態**:滿足基本需求,像是吃、喝、睡覺、安全感、受到關愛等。
> **世界觀**:處於本能的生存模式。
> **互動和決策模式**:一切行動都以保持生存為優先。

融合(紫色)

> **生命階層**:1個月至2〜3歲,經歷分離焦慮,開始擁有想像力。
> **個體狀態**:為了群體的生存而犧牲自我。
> **世界觀**:依賴於部落或家庭的集體安全與溫暖,對周圍環

境則充滿敵意。
互動和決策模式：透過儀式尋求安全感，渴望加入群體以獲取安全。

身分認同（紅色）

生命階層：2～3歲至5～6歲，學習掌控情緒，建立個人身分，透過反抗以界定自己。
個體存在：「我」的出現，對表達自己的衝動不懷罪惡感，「我想什麼時候做什麼，就做什麼」。
世界觀：強者無論如何都能戰勝和生存下去。
互動和決策模式：最強的人將自己的決策強加於他人。

秩序（藍色）

生命階層：約3～8歲，已經歷了伊底帕斯情結（按：兒童嫉恨同性父母、對異性父母依戀，約出現在3～5歲）。從「享樂原則」過渡到「現實原則」。內在開始有框架和規則，出現「超我」，開始構建自己的社會身分。
個體狀態：犧牲當下的自我，以換取對未來的滿足。
世界觀：有絕對的二元觀念（例如好／壞），認為每樣事物都有既定的位置，並應維持在那裡。

> **互動和決策模式**：最高地位者為整個系統做決策。

個人主義（橙色）

> **生命階層**：青春期。質疑與反抗家庭和社會規則。每個人都會經歷這一個體化階層，試圖透過建立自己的身分與個性，而與他人區分開來。
> **個體狀態**：策略性的表達自我，以滿足個人需求。
> **世界觀**：世界是一個充滿個人機會的遼闊遊戲場域。
> **互動和決策模式**：建立在合約、合作、互惠利益和普世選舉原則之上。

交互主體性（綠色）

> **生命階層**：這個層次並沒有特定年齡層，不一定每個人都能達成。然而，隨著地球環境變化，這種意識正逐漸提前出現。要達到這個層次，需要先建立個人和社會身分認同（紅色和藍色階層），並從家庭和社會的價值觀中解放自我（橙色階層）。先尋求內在的和諧，從而與外界建立和諧的關係。
> **個體狀態**：犧牲當下的自我，以實現與自己及他人之間的和諧為目標。

> **世界觀**：每個人都應該因其本質和感受而受到尊重。
> **互動和決策模式**：每個人都應在一個善意的環境中，根據自己的感受生活，並透過共識達成和諧。

在前 6 個階層當中，每個階層的發展都和前一階層呈對立或回應的關係，也就是說，當我們到達某階層的極限時，便會進入到下一個階層。

> **EXAMPLE**
> 當我們處於融合階層（紫色）時，要突破這一階層，就得表現自我。為了引導這種衝動，我們有制訂保障集體安全規則的需求。
> 而要打破由高於我們的秩序所制訂的僵硬規則，需要運用理性和反思質疑這些既定規範。
> 為了解決這些質疑，我們必須考慮所處的環境、自身的人際或內在個人能力。

全面思考（黃色）

> **生命階層**：成年（已內化之前的規則和價值觀），擁有來自先前各個階層的資源。我們的原則和行為會根據情境和時刻調整，做出「恰當」的處理。
> **個體狀態**：表達自我，但不損害他人。

> **世界觀**：理解世界是一個動態且複雜的系統。
> **互動和決策模式**：選擇生活原則，並持續調整，透過共識達成決策。

宇宙意識（青綠色）

> **生命階層**：只有極少數人能達到這個階層。例如：達賴喇嘛擁有非暴力的靈性視角，追求所有人的幸福；阿瑪（Amma，印度精神和人道主義領袖）則展現出絕對的慈悲，積極參與社會和人道主義活動。
> **個體狀態**：自我的進化。
> **世界觀**：我們的感知驅使我們為共同利益而行動。
> **互動和決策模式**：深入反思思維運作和社會結構。

我們的人生目標並不是要避開某個階層，或執著於必須達到某個意識層次，而是要學會在每一層次中生活，並從每個生命階層中汲取最好的經驗。

練習二

　　某些在生活中遇到的情境,也許會讓我們從一個層級過渡到另一個層級。接下來,讓我們回想一下目前的生活,分析我們曾經所處的不同意識層次的時刻,至少舉 2 個例子:

....
....
....
....
....

　　現在,你覺得自己目前是處於哪一個意識層級呢?

....
....
....

　　當你感到焦慮或是狀態不佳的時候,是否覺得自己回到了較低的某個層級?是的話,回到了哪個層級呢?

....
....
....

認識環境練習本

接著再想想：你是否曾經達到更高層的意識階層呢？是的話，通常是在什麼樣的情況下進入到較高的階層？

....
....
....

接續上一個思考：當你處於這個意識層級時，有什麼樣的感受？

....
....

如果目前的狀況正困擾著你，而你害怕改變，到底什麼樣的改變會讓你感到害怕呢？是什麼讓你寧願停留在這樣的狀況下，也不願改變呢？

例如：我怕自己成為一位不稱職的家長，我沒辦法預見未來會發生的情況。我擔心自己的內心會失去平靜，也害怕目前我對世界的想法會有所改變，進而對我產生影響。

....
....
....
....

認識環境練習本

在這種情況下,覺察一下自己的注意力集中在哪一件事上。你聚焦的事是什麼?

例如:為人父母以後,我的注意力集中在「失去個人自由」這件事上。

....
....
....

關於上述這個問題,你的想法是什麼?

例如:當了父母之後,我的個人計畫受到限縮,我沒有時間做其他我想做的事。

....
....
....

在這種情況下,有哪些感受浮現出來了?

例如:我感覺壓力大、我很害怕、我感覺還不錯等。

....
....
....

因為有這些感受,而導致你產生什麼樣的行為或態度?

例如:我拒絕了一些原本會答應的邀約;我以孩子為藉口,逃避做某些事情。

....
....
....
....

為了改善目前的困擾,你可以怎麼樣改變焦點?有什麼方法可以幫助你看待這樣的問題?

例如:問自己:「這樣的困擾能夠如何幫助我成長?我要怎麼利用這種情況實現自己的目標呢?」或是改變想法:「我可以專注在自己進步的地方就好,再看看哪些地方可以改進,而不是專注在我的恐懼上。」

....
....
....
....
....
....

認識環境練習本

擁有了新的專注點,請想像一下自己已經達到了更高的意識階層。在這樣的狀態下,你會如何看待當前的困境,和自己對話呢?你的想法會如何改變?

....
....
....
....

新的想法產生,你現在有什麼樣的感受?目前最主要的情緒是什麼?

....
....
....

處在更高的意識層級時,你會採取哪種態度與行動?

....
....
....
....

接下來,試著找出經歷過的每個意識階級,能為你帶來哪些優勢與力量吧!這不僅能幫助你更容易應付自己目前的生活,也能讓你更了解你所關心的周遭的人、事、物。

....
....
....

練習三

大自然有時是我們靈魂的反射。當我們身處大自然的懷抱之中,試著停下腳步,靜靜觀察四周,然後閉上眼睛,感受當下。讓自然引領我們,重新和自己的直覺連結。

以下是在冥想時,你可以對自己說的正面話語:

- 我被愛包圍著。
- 我選擇平靜。
- 我是自由的。
- 我慶祝我的與眾不同。
- 每一小步都是成功。

當然,造一句專屬於你的句子也很好。

此外，我們也可以選擇梵唱以保持專注，無論是默唸或大聲唸誦出來都可以。

- 唵「Om」：這個聲音包含4個部分：啊／哦／嗯／然後靜默。誦念這個咒語象徵著生命的開始、創生及宇宙的連結（如身體／靈魂／精神、過去／現在／未來等）。誦念時不必刻意關注呼吸節奏。
- So-ham：代表著自我慈悲和放下。這個咒語的意思是「我存在（我就是我自己）。」反覆唸誦，提醒自己屬於比自身更遼闊的存在。吸氣時念「so」，呼氣時念「ham」。你也可以將大拇指和中指捏著，增加專注力。
- Sa Ta Na Ma：用來啟動變革。這個咒語可以幫我們在過渡時期保持開放、清晰以及冷靜的態度。這4個音節意義分別為出生（Sa）、生活（Ta）、死亡（Na）、重生（Ma）。

「人並非透過凝視光而變得明亮，而是深入自己的黑暗才能變得明亮。然而，這個過程往往令人不愉快，因此不受歡迎。」——卡爾・榮格（Carl Gustav Jung），分析心理學創始人

處理孩子的情緒怪獸

接觸大自然

接觸大自然對身體和心靈都非常有益,能回復我們的能量。呼吸新鮮空氣、在自然中散步,有助於擺脫日常生活中的過度刺激,是重新連結自我的好時機,能幫助我們調節情緒並改善身心狀態。

大自然能啟動我們的免疫系統,提升認知能力。所以,無論哪種自然環境都好,多走出戶外能讓人更強壯。此外,這也是個適合全家人共享的時刻,一起探索大自然的奧妙。

當季節交替時,會影響我們的生理作息。特別是秋冬季節,白天變短、陽光減少,會擾亂我們以日照長短及日夜交替為基準運行的生理時鐘。這些變化也影響我們身體的激素多寡。

關於生理時鐘的重要激素有:

- 血清素(又稱「快樂激素」)是一種神經傳遞素,調節睡眠／覺醒週期和情緒。白天有充足的光線時,血清素的產生增加,使我們感到有活力。
- 當光線減少時,白天累積的血清素會啟動褪黑激素(也稱「睡眠激素」),幫助我們入睡。

因此，無論季節如何，時常享受自然光，對身體和心理健康都非常重要。

活動：盆栽園藝

讓孩子親手種植物，不僅能增進樂趣，也能學習到幾種重要的觀念與能力：

- 時間、節奏和耐心的觀念，也了解到照護生命及其脆弱性。
- 觀察與推理能力，理解自然變化。

以種綠豆為例，步驟如下：

① 準備玻璃瓶、碗或碟子（乾淨的回收物尤佳，不需要特地買花盆等容器），孩子可以自行裝飾。

② 將綠豆放在鋪有棉花的容器中。

③ 用噴瓶、滴管或湯匙輕輕澆上水，保持棉花溼潤。

④ 大約 3 天後，綠豆會開始發芽。鼓勵孩子觀察、紀錄發芽過程，並與他討論其變化。

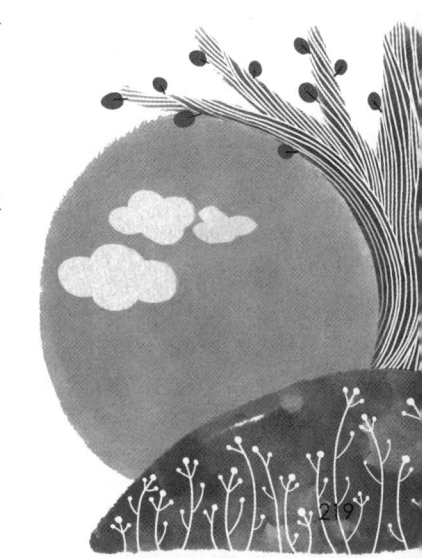

延伸活動：可以在某個晚上以綠豆烹飪食物，將視覺與味覺結合。

活動：大地藝術創作（Land Art）

和孩子一起利用大自然中的材料，創作一幅藝術作品吧！材料可以包括樹枝、落葉、草、花、石頭和松果等。這幅作品不需要帶回家，請在找到它們的地方，原地組合成一個漂亮的圖案。更重要的是，請讓小孩自由創作、修改。

這項活動適合各個年齡層，任何季節都可以進行：

- 秋天：落葉充滿各種色彩，綠色、黃色、紅色……。
- 春天：萬物復甦、萌芽時刻。
- 冬天：裸露且靜止的枝條。
- 夏天：綠意盎然的大自然景象。

認識小動物

對孩子來說，認識小動物非常具教育意義。兒童可以從不同的動物身上，學到自主、自尊心、安全感及家庭凝聚力的概念。另外，如果家中有養寵物，也能讓他從小就學習負責任及尊重生命的重要性。

活動：小動物瑜伽

邀請孩子在地墊或瑜伽墊上，模仿一些以小動物為靈感的瑜伽姿勢，並配合呼吸練習。為了使這個活動更好玩有趣，還可以一邊做瑜伽動作，一邊模仿動物的叫聲。

紅鶴式

處理孩子的情緒怪獸

駱駝式

蝴蝶式

腳掌對腳掌,上下擺動大腿,就像蝴蝶揮舞翅膀。

認識環境小活動

感受冷熱

冷和熱都是我們身體所感知到的感覺,看似互相矛盾,卻是互補。溫暖,讓我們聯想到外出時的快樂和陽光;而寒冷,則可以讓我們想要馬上回到家中,來上一杯熱騰騰的巧克力,或躲進溫暖的被窩裡。這些感覺幫助我們的身體調節溫度,維持體內外溫度的平衡。

而這些不同的能量會相互作用,最後達到平衡狀態。

活動:來釣魚吧!

準備兩盆水:一盆裝滿冷水,放到冷凍庫讓水結成刨冰狀(當水開始呈現顆粒狀時就取出),另一盆則倒入溫水。

在水中加入一些小物件,當作尋寶遊戲的寶物。可以在水裡添加幾滴食用色素來改變顏色,看起來更吸引人(冷水盆建議用藍色,溫水盆用紅色)。

準備好之後,就請小朋友用手或湯匙在兩盆水裡面撈一撈,找出你丟進去的小東西。這樣的活動可以引起孩子對未知探索的興趣,讓他們感受、理解溫度。

以感官探索世界

人類是由感官所主導的生物。孩子可以透過 5 種感官探索周遭世界,而這個過程其實打從他們還是胎兒時,就已經在母親的子宮裡感受、探索了。

刺激孩子的感官,可以幫助他們發展專注力、活動力、協調能力、創造力和好奇心。

我們所擁有的感官種類主要有:聽覺、視覺、嗅覺、觸覺、味覺。此外,還有隱藏的感官,如前庭覺和本體覺。

這些系統會互相協同運作,組織我們的身體姿勢和運動,幫助我們在走過森林時,能夠保持平衡,避開障礙物,且不需要時時盯著自己的四肢。

除此之外,這些系統也促進我們對身體的覺察,以及我們在空間中的組織能力。

該如何喚醒孩子的感官?

比方說,帶孩子到大自然走走,感受各種不同的聲音、顏色;用手摸食物,體驗不同食材的觸感與形狀;用手觸摸或腳踩織品、布料,感受不同粗細的質地;嗅聞不同的氣味,辨別周遭的香氣或味道。

認識環境小活動

體驗風與氣息

孩子可以透過他的身體看見、聽見並感受到風的存在。例如：風吹動頭髮，帶來一絲漂浮、自由的感覺；風吹動樹葉，發出沙沙的聲響；根據風的強度，風大時甚至可以推動我們的身體，又或是讓我們感到微涼，甚至是顫抖。

活動：蝴蝶的氣息

以下這個練習可持續3分鐘，以站姿進行，重複3次。請孩子專注在自己的呼吸上。接著，你可以口頭引導：

想像自己是一隻美麗的蝴蝶，想展示自己翅膀上的顏色。把兩隻手臂交叉，放在胸前。

準備好了，就慢慢展開手臂，打開你那副美麗的翅膀。

慢慢移動你的手臂，像是蝴蝶在展翅飛翔的動作。

深呼吸，吸氣——吐氣——再一次，感受空氣在身體裡流動。

最後一次吐氣完，可以慢慢重新收回翅膀，恢復自然的呼吸。

處理孩子的情緒怪獸

光腳丫貼近大自然

不管是在草地、沙地、泥土還是沙灘,打赤腳走一走可以帶來舒服的感覺。每個人一生中,至少要體驗過一次。

光腳走路會刺激足底的經絡,對身體好處多多,特別是能調節內臟功能、促進血液循環、提升能量流動。因此如果有機會,何不脫掉鞋子、襪子,享受一下這種天然療法呢?

活動：光著腳丫走

和孩子在森林或公園等戶外活動時，可以試著在草地上光腳走走看。

若有機會，嘗試在一天內不同時間、不同地形上光腳丫走走看：清晨或雨後，踩踩草上的露水；天氣好的時候，到公園或沙灘上打赤腳，體驗沙子或石頭的溫暖；又或是夏天時，讓孩子光腳感受一下青草被太陽晒到乾乾扁扁、刺刺的粗糙感⋯⋯。

若在家裡，也盡量讓他們光腳，或準備一些不同材質的布料（棉、亞麻、皮革、羊毛或是塑膠袋等）讓他們探索觸感。觀察孩子接觸到不同材質的反應，也和他討論看看是什麼樣的感覺。

CH. 4
育兒路上的甘苦，你並不孤單

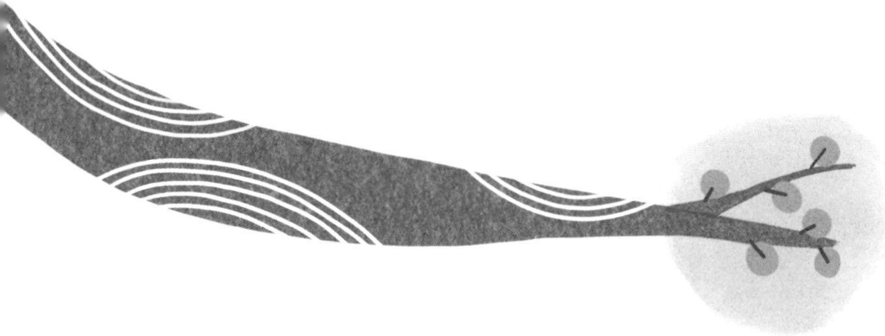

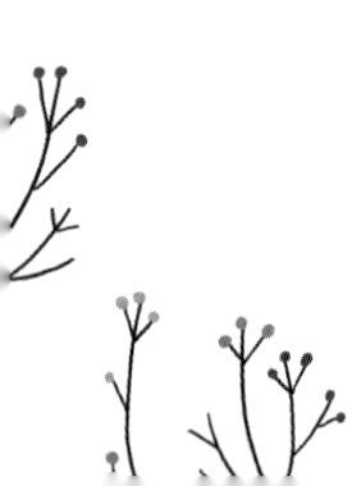

第四章　育兒路上的甘苦，你並不孤單

1. 爸媽們的見證分享

在這一節，我想透過不同家庭的見證，和你分享：全天下的父母——包括你我——每天都在面對各式各樣的挑戰。為人父母是段豐富卻不容易的旅程。

但最重要的是，你不需要成為「完美爸媽」。在任何情況下有困難，請向他人尋求支援和協助，不要猶豫。

我也曾懷疑自己是不是好媽媽（二寶家庭，2歲和4歲）

我們在畢業以後就開始考慮懷孕這件事。我們已經在一起很長一段時間，想在生活穩定的狀態下迎接新生命。

我也很快就懷孕了。當時我的心情既害怕又期待，因為這是一個充滿未知的冒險。有許多問題需要注意，像是：分娩的過程是怎麼樣的？疼痛要怎麼處理？體重變化怎麼辦？要怎麼哺乳？生活家務要怎麼安排？

慶幸的是，我的助產師非常支持我，還有我的家人，尤其是我妹妹和一位很好的朋友，讓我感到非常安心。

懷孕的期間基本上非常順利，我甚至在分娩的前一天都還在運動，這段期間體重也沒有增加太多。

懷孕、生產，身心靈全方面的冒險！

不過，在過程中我遇到了一個困難的挑戰，那就是看到我自己的身形變化。一開始，我覺得自己變得不漂亮了，總是想要遮掩自己的肚子。後來因為這樣的感受，我擔心自己這樣對自己身體不滿的情緒會影響到寶寶，好像是在否認我懷孕這件事一樣，後來我便向心理醫師尋求協助。

接著就到生產那天。生產過程並沒有想像的那麼順利，有些問題在產前準備時沒有討論到。儘管如此，我的助產師非常棒，全程鼓勵我，讓我感到安心許多。不過很可惜的，那天的狀況實在太突然，無法以我們想要的生產方式完成。

懷第一胎時，我的婆婆對此寄予厚望，雖然她是以半開玩笑的語氣說的，不過 30 歲才生小孩的確能感受到不小的社會壓力。

而家人、朋友們對我懷孕的消息反應都非常熱烈，在懷孕期間也都非常照顧我。

可是產後的情況很快就變了，我們兩個父母不再是注目的焦點，身邊的人目光都全部以寶寶為中心。

我想說的是，生產完後，身邊的人常常會忽略了媽媽經歷 9 個月身孕，以及生產當天的辛苦歷程，這些都應該受到重視才對。

產後，嬰兒的需求總是被放在第一位。媽媽產後的疲

第四章　育兒路上的甘苦，你並不孤單

態、疼痛、荷爾蒙變化、孤獨感，所有問題都不被重視，讓我覺得自己好像變得不再那麼重要⋯⋯。

我認為，產後的 1 個月非常關鍵，因為有很多事情還未消化，需要時間理解和處理，像是哺乳的安排、處理嬰兒哭鬧、突然改變的睡眠時間、勞累感等。

另一個挑戰則是，伴侶只有短短兩週的陪產假（按：法國的配偶陪產假及育嬰假，於 2021 年 7 月起改為 28 天，小孩出生後立即休假 7 天，剩餘 21 天需在 4 個月內請完。臺灣則為陪產檢及陪產假合計 7 天），讓他在這段重要時刻受到限制，而沒辦法全程參與。

我感覺在產後這段期間，外界對媽媽們的支持和幫助實在不多。

至於第二次懷孕，我們想生第二胎就是希望寶寶能有個伴。不過，我有這樣的念頭的時間點，比我伴侶還來得晚，原因是我當時還深陷在和大女兒非常強烈的情感連結當中。

我只想要跟我的女兒共處每一刻，見證她的每一個「第一次」，讓她逐漸變得更自主。漸漸的，我們一家三口的生活越來越安穩舒適。

不過，我們也明白，如果要計畫生另一個小孩，就會打破我們現在的生活現況，讓一切變得混亂。

很多疑問就這樣浮現了出來,例如:

「我要怎麼公平給予兩個孩子同樣且足夠的關注,而不會讓他們感到失落?」

「如何在『滿足第一個孩子的需求』和『照顧新生兒』之間取得平衡呢?」

「如何在餵奶時,處理大女兒的需求?」

這所有的問題都需要我單獨處理,因為爸爸就只有兩週的陪產假,我們雙方的家裡也沒辦法提供額外的幫助。

我一定得成為超級媽媽?

第二次生產完回家後,生活開始變得非常複雜,尤其是照顧兩個孩子。大女兒還太小,沒辦法理解為什麼有時候她的需求得排在新生兒後面。

此外,我有時會感覺某種社會壓力讓我喘不過氣,那種**強調媽媽一定要展現出「超級媽媽」的形象,一手包辦孩子、家務、購物等事,沒有任何怨言。因此,當我們開口抱怨某些事情時,就會被貼上脆弱、敏感的標籤。**

經歷幾個月的磨合,大女兒多次情緒爆發,等到第二個孩子比較大一點後開始調整她的作息,我們每個人才重新找

第四章 育兒路上的甘苦，你並不孤單

到自己在家裡的位置。

慶幸的是，我的伴侶雖然工作繁忙、作息不規律，卻依然在我身旁傾聽和給予支持。

無論是哪次懷孕，我都感覺到周圍的人（家人、朋友，甚至是幾乎不認識的人）總是對懷孕、生產和育兒發表各種意見。我知道雖然這些建議多數是善意的，但反覆聽到「這樣做比較好，那樣做不好」的建議，或是「我們那時是這樣做的」，**將這樣的社會壓力加諸在我們身上，真的會讓我們開始懷疑自己是不是好家長。**

養育孩子是件美好的事情，我們學到了許多和自我有關的東西！

過程中，我們明白了自己身為爸媽的耐心和極限在哪裡，有時還得為伴侶做出犧牲。我們兩個總是將孩子的需求擺在第一位，所以一個人獨處或只有夫妻共處的時間，變得非常稀少……或許也是因為我們不放心將小孩交給別人照顧的緣故。

對我們來說，養育孩子是一種無私的奉獻。

現在，我們一家四口非常幸福，一起經歷了許多奇妙且美好的時刻。就算天塌下來，我們的心依舊不變！

處理孩子的情緒怪獸

和伴侶寫共同筆記，成為自己理想的父母
（一寶家庭，6個月大）

我們的生育計畫是在畢業時開始有想法的。當時，我的伴侶已經在工作了，而我畢業後不久也順利找到一份工作。雖然它並不是我的理想工作，但我仍選擇在剛就業時就生小孩，我並不覺得這會成為職涯的阻礙。

況且，我覺得這是一種動力，讓我在求職時有了真正的追求目標，就是為了我的孩子而努力。

我們兩個人都不想給自己太大的壓力，但很快就懷孕了，兩人都很高興。

不過當這件事成真時，卻開始感到有些壓力：我們真的準備好了嗎？是不是進展得太快了？

從醫學的角度來看，我懷孕的過程非常順利，也有很好的孕期檢查追蹤。我們做了充分的準備，了解到產後的前幾個月可能會出現的各種情況，比方說哺乳，若我的身體狀況下不允許，或我就是不喜歡哺乳，可能就要考慮母乳搭配配方奶。

我和我的伴侶甚至寫了一份共同筆記，記錄我們對孩子的期望，還有想傳達給他的重要價值觀有哪些。直到今天，這份清單我們仍不斷更新，這不僅引導我們成為真正想要扮演的角色，也幫助我們維持夫妻關係中的平衡。

第四章　育兒路上的甘苦，你並不孤單

　　我們也一起參加了所有的準父母產前課程，我們選擇採用波拿佩斯（Bonapace）生產球方法。生產那天，不只我一個人做好了心理準備，我的伴侶也能夠全程待命，積極參與其中。

　　最困難的地方是女兒出生後的哺乳過程。在醫院，護理師們都非常有耐心，但我們卻沒想到後續要怎麼對付「疼痛」這一關。當時沒有人告訴我們，如果乳房疼痛或乳頭破裂的問題持續發生，有沒有什麼其他方法能夠克服，像是集乳器（吸乳器）或乳頭保護器等。

　　不過很幸運的是，我有姊姊的支持與幫忙，才得以繼續哺乳。用了一些替代方案之後，我在短短幾天內就可以正常哺乳了。

　　雖然一開始遇到困難，但是我們也都一一克服了！

耐心等待寶寶長大（一寶家庭，1歲大）

　　懷孕期間，我選擇了一位和我們遵從「自然導向」觀念相同的助產師。

　　懷孕的時光可說是非常順利，不過身為女性，唯一的困擾就是來自於伴侶對我身形變化的看法。當我的肚子在膨脹時，他很難接受我的身體變化，讓我覺得很難過。由於這個原因，我們有很多時間沒辦法好好交流，像是和寶寶互動的

處理孩子的情緒怪獸

肚子按摩等活動。

那時,他的反應真的讓我很受傷。不過現在回頭看,我能明白每個人都有自己的極限,也許未來還有其他的機會和我們的孩子一起分享。

寶寶出生後,我們很開心。但是3個月後,寶寶開始出現嚴重的腸絞痛(按:通常發生在嬰兒出生10天至3個月,症狀多為在傍晚、半夜突然大聲哭叫,滿臉脹紅或泛白。大多數患有腸絞痛的嬰兒,會在3～6個月大時緩解,極少數會到1歲才停止),哭得很厲害,看到他那麼痛苦讓我很心疼。

我試過所有的自然療法,不光是為了他,也為了我自己。因為我正在哺乳,我希望能透過我的飲食,攝取到對腸胃有益的營養。此外,我也嘗試各種姿勢以舒緩他的疼痛,幫他按摩、抱著他……真的把所有能試的方法都試遍了。

最後,我意識到最重要的是我們要陪在他身旁,安慰他,並耐心等待這個階段過去。看著他受苦,真的讓我這個當媽媽的好心痛。

對孩子的爸爸來說,這段時間也非常煎熬,他對孩子的痛苦和哭鬧束手無策。不過,經過不斷耐心溝通後,我們終於一起度過了這個長達兩個半月的艱辛歷程。

孩子滿1歲後,我們身邊批評的聲音越來越多。雖然孩

第四章 育兒路上的甘苦，你並不孤單

子出生後，大多數給我們的建議都是出於善意和支持，但隨著孩子越長越大，對我們做法的質疑聲音也隨之增加了。

我曾質疑自己，能勝任爸爸這個角色嗎？

（一寶家庭，3個月大）

當我得知我要當爸爸時，起初非常開心。但是慢慢的，我開始因為身邊人的風涼話開始感到焦慮：「加油囉！你就準備開始不能睡覺囉！」、「向夜生活說再見啦！」、「這麼快就要當爸啦？你不覺得自己還太年輕了嗎？」

儘管這些多半是負面的評論，但我當爸爸的意志從來沒有退縮。

只是，如果在老婆懷孕初期能獲得更多的資訊就好了。因為我太太在這段期間，大多時候都非常不舒服（噁心嘔吐、情緒波動大等），而我卻無能為力，感到非常無助。

第二次超音波檢查時，我才真正意識到我要當爸爸了。當時，我以為自己已經準備好了，可是隨後我又開始對自己的能力產生懷疑：「**我真的能夠勝任爸爸這個角色嗎？**」

許多對自己的疑問接二連三出現，讓我倍感壓力。

我突然意識到自己將成為一家之主！但當時我才22歲。因此在太太懷孕初期，我根本不敢跟她分享我的感受，怕讓

她覺得負擔過大——她已經有太多事情要應付了。幸好，之後情況慢慢好轉。

太太臨盆時，我才發現原來這跟電視實境節目裡看到的完全不同——總之，每個人都有任務在身，好像只有我不該待在那個地方。醫護人員不怎麼關注爸爸，我在那裡感覺自己被無視。生產過程中會有的突發狀況，也沒有事先告知（如剖腹產、寶寶呼吸困難等），讓我覺得很無助。

第一次抱到寶寶時，才真正意識到自己成為一位爸爸了。我的人生從此不一樣了。還好我可以在家工作，從醫院回家之後，才能長時間陪在家人身邊。

家庭生活漸漸開始上了軌道，當然狀況有高有低。在我看來，女性產後的這段時間，確實還是沒有足夠的支持與關懷。我也很希望醫護人員可以告訴我，關於孩子腸絞痛的資訊、會持續多久的時間等，讓我們在這段時間可以更安心。

幸好，我們慢慢找到可以緩解寶寶疼痛的方法。經過了許多次的嘗試，像是選擇泡奶粉的水、嬰兒奶粉、按摩……漸漸摸索出真正有效安撫他的方法。

最後我想說，維繫夫妻關係最重要的是，雙方應經常交流、時常關心彼此，同時也要適當保留自己的時間放鬆、調適。雖然這條路走得不是那麼順利，但我很慶幸自己當爸爸了！這是一趟豐富又充滿挑戰的冒險！

第四章　育兒路上的甘苦，你並不孤單

6 歲女孩的煩惱

女兒 6 歲時，本來喜歡上學的她，慢慢變得越來越不開心。她生性害羞，很少主動和我分享學校的狀況。當時，我們以為她只是因為還沒放假，覺得上學很累，等放假了，帶她出去玩可能會改善。

假期結束後，她依然提不起勁。直到有一天，我們兩個一起玩耍、聊天、分享心事時，她告訴我她不喜歡自己的捲髮，想要和同學一樣擁有直髮。此外，她也不喜歡自己的膚色，覺得自己和別人長得不一樣，她的好朋友也這樣說，讓她很受傷。

那天，我們聊了很久，話題圍繞在她內心的感受、對友情和他人眼光的看法上。

後來，我們和老師談論這件事情，得到很不錯的回應。老師在課堂上做了許多和尊重及接納他人相關的活動。身為爸媽的我們，也為女兒買了許多有關多元性、校園霸凌和自我關懷等主題的書籍，為她困擾的事情找到解方及出口，讓她更能接受自己。

如今，她變得開朗許多，喜歡上學，也交到了真正的朋友。她甚至會分享自己所經歷過的事情，幫助更多有同樣遭遇的人。

這段經歷讓我們更能敞開心胸，更輕鬆對彼此表達自己

的情緒。事實上，我們在家裡也規定每到晚餐時間，就會進行「情緒真心話」活動，每個人分享自己一天當中發生的任何事情，不管是好是壞都可以自由分享，最後以講出當天最喜歡的一個時刻收尾。直到現在，我兩個孩子都非常享受這樣的分享時刻。

3C 是生活的一部分，只是以不同方法運用

我的孩子 8 歲，非常活潑，喜歡接觸新的科技產品。我們和許許多多的父母一樣，給了他一部教育平板電腦，以及一臺遊戲機。但是，當他接觸螢幕一段時間以後，我們就發現他的行為出現變化。他開始不太愛講話，不喜歡與人溝通，甚至容易煩躁，注意力也沒辦法集中。

遇到這樣的情況，我們很無奈，不知如何是好。一旦要求他將平板或遊戲機關機，他就會非常生氣。因此，我們決定帶他去看醫生，醫生協助我們轉診到語言治療門診，讓語言治療師幫助我們改善孩子專注力的問題。

這位專家的建議讓我們恍然大悟，我們開始檢討自己的教養方式和框架，漸漸減少孩子每天使用螢幕的使用時間。歷經幾個月的持續調整和觀察，我們終於找回原本的兒子了，他又變回了那個快樂、活潑的小男孩。

透過一起玩各種遊戲，找回家庭中的樂趣，我們之間的

親子關係也更緊密了。我很感謝「幼兒同行」團隊的專業支持，我們已經變成了一個堅強的團隊，共同走過這段轉變的旅程。

縱使螢幕還是我們生活中的一部分，但現在我們可以以截然不同的方式使用它了。兒子如果想玩遊戲，爸爸會陪他一起玩，且會事先設定好遊戲時間。這樣不僅不會有突如其來的中斷要求，玩完之後，我們還可以一起聊聊遊戲裡發生的事。

即使身為父母，我們也不可能什麼都懂

7歲的女兒被診斷出具有高度智商的潛能。聽到這個消息以後，我們鬆了一口氣，因為終於找到一個原因，可以向親友解釋她為什麼這麼特別了。

女兒的專注力非常強，在很小的時候就能獨自拼完100片拼圖。她也對任何事都非常好奇，什麼都想嘗試、什麼都想學。

比較困擾的是在她入學後的狀況。我們看到她慢慢失去活力，好像對什麼事都提不起勁。我和先生都感到納悶，於是找老師談談。老師卻跟我們說：「她年紀還小，不急，時間還早，不要教她太多東西，或讓她學到不好的方法。」

聽完這樣的說法，對我們的打擊相當大，不知道怎麼辦

才好。孩子總是跟我們說,她想學更多東西。

漸漸的,她開始把自己封閉起來。原本就非常內向的她,開始完全不參與課堂活動,理由是因為她怕自己講錯或做得不好。看到她在學校的情況,我們也沒輒。

而在家裡,我們為她準備了許多寓教於樂的學習工具和書籍,讓她隨時都可以使用。她非常喜歡這些工具,也很欣慰看到她透過這樣的學習方式找到自我。

經過與校方多次溝通後,校長建議她跳級。雖然我們認為,以她這樣高智商的狀況,就讀高年級可以得到比較好的發展。但我們也擔心,她會不會遭遇情感層面、年齡、身高差距、同儕眼光等問題。

和孩子討論後,我們決定讓她跳級,但同時間也非常留意她的情緒狀況。她現在已經上小學二年級了,比以前更開心、更有自信了。

日常生活中,挑戰時時存在。我們常向她解釋:父母並不會知道所有事情,有時候,我們真的沒辦法馬上回答她的問題。

不過,學會傾聽及有耐心,成為我們和女兒保持和諧關係的關鍵。我們也**學會接受自身的不足,認知到自己不可能知道所有的事**。我們和女兒有一本交換筆記本,她會寫下想了解的事,由我們為她解答,或者一起研究、找出答案。

2. 帶小孩好累？當心親職倦怠

親職倦怠是爸媽因為育兒角色和壓力累積，所產生極度疲憊的狀態。越來越多的家庭正面臨這樣的問題。許多家長時常選擇否認或是隱藏，而導致情況陷入了惡性循環。

而在探討親職倦怠之前，先定義幾個相關術語，讓我們更能理解其中的差異。

憂鬱症會影響生活的各個層面（如家庭、職場等），而「倦怠」則是一種特定情境下的現象，通常僅影響個人生活的某個領域（如家庭或職場）。然而，在一個領域中產生的倦怠，可能會增加另一個領域出現倦怠的風險，最終導致憂鬱症。

此外，產後低潮（baby blues）也和產後憂鬱不同。

產後低潮發生在生產後數天內，主要由荷爾蒙變化所引起；而「產後憂鬱」則由多種因素的累積引發（如疲憊、缺乏支持和關懷、孤獨感，或孩子狀況與預期不同等），導致生活失去重心。

親職倦怠

這是一種特殊的症候群,包含 4 個主要構面。在法國,估計有 6％的父母會受到這種倦怠症狀的影響。

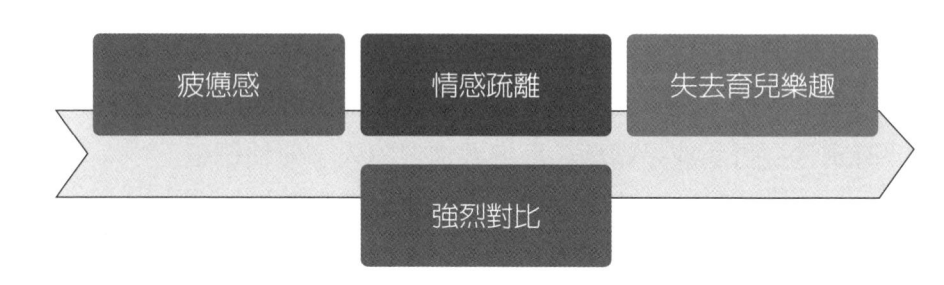

| 疲憊感 | 情感疏離 | 失去育兒樂趣 |

| 強烈對比 |

疲憊感是親職倦怠的第一個徵兆,會以情感與身體的雙重疲憊形式出現。接著,會出現情感疏離的狀況:父母因過度疲累,僅能應付最基本的育兒需求,例如打理餐點和接送孩子上下學,但情感上逐漸與孩子疏離,進入「自動駕駛」模式。

第三個症狀是失去育兒樂趣,任何與孩子的互動都讓父母感到吃力,沒辦法享受與孩子相處的時光。

最後,這種情況會使現實與理想的落差越來越大,父母感到自己不再是過去的自己,產生強烈的迷失感,甚至懷疑自己是否真的適合當父母。

第四章　育兒路上的甘苦，你並不孤單

如何擺脫親職倦怠？

這些方法可以幫助父母重拾平衡，逐步恢復對育兒的熱情和信心：

・勇敢向親友或專業人士尋求幫助。
・把部分責任交給其他人，讓他們幫你分擔。
・找出你已經擁有的支持資源。
・減少不必要的壓力來源。
・照顧好自己，重視身心健康。
・接受自己的不完美，學會包容自己的不足。

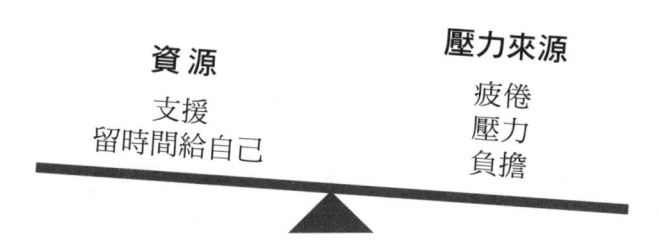

資　源
支援
留時間給自己

壓力來源
疲倦
壓力
負擔

育兒蹺蹺板

3. 教養非典型兒童

以下這些非典型兒童的基本需求,與一般的孩子沒有什麼不同,都需要透過關愛、支持、安全感和引導讓他們成長茁壯。只不過他們表達需求的方式,以及滿足這些需求的途徑有所不同。

非典型兒童可能會透過特殊的言行舉止或反應,表達他們的需求,而這需要家長和教育者以更包容的方式理解和回應,並提供適當的支持和環境,幫助他們發展自信和能力。

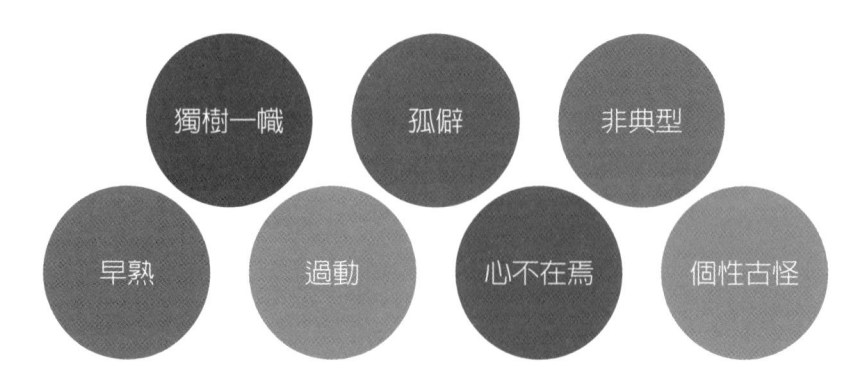

獨樹一幟　孤僻　非典型
早熟　過動　心不在焉　個性古怪

「每個孩子都是天才,關鍵在於怎麼把天賦展現出來。」——查理・卓別林(Sir Charles Chaplin),英國喜劇演員、導演

注意力不足過動症

同樣都是注意力缺陷障礙,若無伴隨過動行為者稱為注意力缺失症(Attention Deficit Disorder,縮寫為 ADD),若有過動或衝動行為,則是注意力不足過動症(Attention Defitic Hyperactivity Disorder,縮寫為 ADHD)。

解釋 ADHD 的心理學模式,目前有以下 3 種:

- 羅素・巴克立(Russell Barkley)模式認為,注意力不足過動症的產生,是患者難以抑制不當的行為,進而影響專注力。
- 索努加・巴爾克(Sonuga-Barke)模式認為,抑制行為功能有障礙,是出自於情緒和挫折管理能力不足,導致患者無法有效控制情緒,進而影響行為表現。
- 默認模式則認為,想專注在目標導向的思維時,過動症患者可能因內在語言(自我對話)和飄忽不定的想法過度活躍而受到干擾,從而影響專注力。

神經生物學的角度,則是這樣解釋:在周產期(懷孕期間)和出生後初期,若某些神經結構或神經網路受到損傷,可能會導致注意力不足過動症。

ADHD 成因

- **遺傳因素**：許多研究指出，遺傳因素在 ADHD 的家庭中約占 70％ 或以上的比例，顯示其為高度遺傳的疾病。
- **環境因素**：可能與母親在懷孕期間的行為有關，例如飲酒、壓力過大等。此外，早產、嬰兒體重過輕、頭部外傷、虐待、早期營養不良、嚴重睡眠障礙及性侵害等，也可能是引發 ADHD 的潛在環境因素。

> **ADHD 的常見迷思**
>
> - 過動症並不存在。
> - 過動只是一時的，長大就會好。
> - 是由於孩子缺乏教養所致。
> - 小孩接觸過多 3C 才會過動。
> - 患過動症的孩子學習困難。
> - 吃利他能（治療 ADHD 的藥物）會導致藥物成癮。

ADHD 的類型

① **過動、衝動類型**：有高度活動需求，無法保持安靜或專注。這類孩子比較難以控制自己的言行，經常打斷別人說話或動作。

②注意力不足：難以集中注意力，容易被周遭的聲音、動作或自己的思緒干擾。
③混合型：混合前兩種類型特徵，表現好動又衝動，同時也容易分心、常常不停說話或是扭動。

藥物治療

治療 ADHD 的藥物必須由醫療專業人員開處方，且用藥應配合適當的心理、社會、教育層面等相關輔導。

具體的教養法

- **建立簡單的儀式**：透過簡單的日常儀式（可用視覺工具來輔助），幫助孩子結構化思考過程。
- **卡片練習**：製作三張卡片，分別寫上「停下」、「思考」、「行動」。這樣的練習能幫助孩子思考並減少衝動行為，學會自我調整。
- **呼吸練習**：與孩子一起進行呼吸練習，呼吸時以四拍吸氣，再以四拍呼氣。初期可以用大聲報數來引導孩子，幫助他控制情緒，並提高專注力。

> **過動症大數據**
>
> - 5%的學齡兒童患有注意力不足過動症,相當於每個班級約有 1 名學生。
> - 患有注意力不足過動症的男生,比女生多 3 倍。
> - 2.5%成年人患有注意力不足過動症。
> - 只有 10%的患者被診斷出來並接受治療。

高智商潛力兒童

高智商潛力的孩子通常被認為是天才兒童、獨樹一幟、哲思性高。

高智商潛力兒童的特點

- **神經學上的特點**:高智商潛力個體的神經連結速度快,在大腦不同區域之間的訊息傳遞非常有效率。這也表示他們可以高速處理和整合資訊,在學習和解決問題的能力上表現優異。
- **心理學特點**:高智商潛力個體通常會具備以下心理特質。

①感知超敏(Hyperacuité):擁有高度的感官及情緒敏感度,因此這些孩子對外界的刺激反應會非常激烈,

常難以適應環境。這樣的敏感度就像是雷達，不斷接受周遭環境的資訊。

② 超快思維（Hyperlatence）：擁有閃電般的思維速度和樹狀分支的思維能力，這其實是一種無意識的警戒狀態，能夠將經驗與之前學習或見過的事物連結、比較和整合。

③ 過度思考（Hyperspéculation）：有強烈的控制欲，渴望深入推理，持續不斷自我反思和提問。

> **關於高智商潛力的常見迷思**
>
> ・是疾病。
> ・是障礙。
> ・是缺陷。
> ・是小天才。
>
> 　錯！高智商潛力並不是一種「天賦異稟」的現象或疾病，而是一種特殊的神經心理功能運作模式。

高智商潛力兒童的種類

① 高潛能複合型（complexe）：擁有強烈的情感共鳴，直覺非常發達。他們需要安靜的環境，需要學習，還需要不斷的刺激以滿足好奇心，但在情感上非常

需要安全感。這類人通常創造力很豐富，情緒上較敏感，思維模式以直覺為主。在智力測驗結果表現上往往不平均，這樣的孩子通常也傾向向外部尋求認同。

② 高潛能層流型（laminaire）：這類型的人思維敏銳、擁有又快又強的分析力。他們對特定科目抱持著極大的熱情，在學業上表現傑出。但學習對他們而言並非是個人的核心需求，有時會覺得學校生活很無趣。在智力測驗表現上通常較平均，往往對自己的要求很高。

不過，高智商兒童並沒有絕對複合型或絕對層流型，絕大多數都是混合型。

具體的教養法

- **制訂明確的規則**：在明確規則的框架下，向孩子解釋規定的原因及其必要性，能讓他更容易表達自我。此外，也可以提議舉辦「家庭會議」，讓所有家庭成員參與討論、訂定屬於自己家的規則。
- **協助他理解情緒**：幫助孩子將感受具體化，可以針對情緒設計一些遊戲，這將有助於他表達和理解自

第四章　育兒路上的甘苦，你並不孤單

己的情緒。
- **解答孩子的問題**：透過書籍、網路搜尋或與孩子口頭討論等方式交流，幫助他們找到解答。
- **冥想練習**：透過呼吸練習，幫助孩子管理焦慮，並調節他們有時過於活躍的思緒。

> **高智商潛力大數據**
> - 約有 2.3% 的人口屬於高智商潛力者。
> - 參考值為智商（intelligence quotient，縮寫為 IQ）130 以上。不過，單憑這個數字並不能判定一個人是否為高智商潛力者，還需要綜合其他因素判斷。
> - 2%～3% 的高智商潛力就學者中，有三分之一的人處於輟學狀態。
> - 每個班級中約有 1～2 位是高智商潛力學生。

高情商潛力兒童

每個班級中，平均有 2～3 人具高情商潛力的特質（按：情商為情緒商數〔Emotional Intelligence 或 Emotional Intelligence Quotient，縮寫為 EI 或 EQ〕的簡稱）。

高情商潛力的特點是能感受他人情緒，可以理解和接收，同時又能調節自己對這些情緒的反應。

情緒商數會隨著時間和經驗不斷發展，且和高智商有一些類似的特徵，例如：敏銳、具有發散性的思維方式、常給人與大家脫節的感覺等。

高情商兒童有以下這幾種特質：高度敏感性、強烈同理心、自我意識強、懂得非語言的溝通、很有幽默感等。

情商高的孩子，智商不一定高。雖然高度情緒敏感與單純高敏感常有相關連，卻不甚相同。

高敏感兒童

高敏感並不是一種障礙或疾病，而是某種性格特質。這類兒童的敏感度高於平均水準，情緒較強烈、感官敏銳且具高度同理心。

具高敏感特質的人大概占總人口的 25％，其中男女比例相當。

高敏感的表現包括：情緒強烈、對他人有高度的察覺、特定的感官敏感、高度直覺與思考能力、對細微差異的感知等。同時，也伴隨著以下特徵：天生具觀察力、思維發散、容易疲倦、豐富的想像力和創造力、容易焦慮、高度同理心、認知活動強度高、情緒容易失控、傾向於自我封閉與孤立等。

發展遲緩與發展障礙

因認知障礙而引發的學習障礙，屬於神經發展障礙的一部分。

發展遲緩指的是各方面發展皆平均遲緩，進步空間大，能力往後會有顯著的提升。成因有：大腦成熟延遲、環境、缺乏教育或不當的學校教育等。

發展障礙則是有某種持續或永久性的特徵，儘管從旁輔助改善，進步空間仍小且緩慢，需要花很多時間成本。這對日常生活和學業表現上影響顯著。

通常，某一障礙下還會隱藏另一種或多種障礙。如果你對小孩的行為舉止有疑慮，不妨先蒐集這方面的資訊，再根據觀察到的障礙向專業人士諮詢，如：兒科醫生、語言治療師、心理計量師、職能治療師、婦幼保健中心或身心醫療中心等。

> **人們對發展遲緩的常見誤解**
>
> ・源自心理問題。
> ・懶惰所造成的。
> ・只是一時流行。
> ・只是學得比較慢而已。

兒童常見的發展／學習障礙類型

- 語言障礙

    定義：語言能力發展或表達過程中出現困難或障礙。主要可分為 3 種形式：表達型、接受型或混合型。

    症狀：表達時語言結構不完整，詞彙理解量不足，有課堂學習及對話困難的現象。

- 閱讀障礙

    定義：閱讀過程中有困難，無法順利理解意思。

    症狀：閱讀和寫作速度緩慢，組織能力欠佳，注意力容易被周遭噪音影響，口頭表現較佳等。

- 書寫障礙

    定義：圖形和書寫動作上無法自動執行的障礙，影響書寫的形式，如字詞形狀、版面設置、筆劃連接等。

    症狀：無法複製形狀或握持文具（如鉛筆、剪刀等），寫下已知的字詞有困難。或是書寫不清楚，書寫動作不流暢，面對書寫時容易焦慮。

- 動作協調障礙

    定義：動作轉換及執行上出問題。

症狀：動作不靈活，常打翻東西；無法自己穿衣；建構和組裝活動有困難；難以複製圖畫或模仿他人動作。

- **計算障礙**

  定義：數字能力和算術技能學習上有障礙，表現有數字型、空間型、程式型或算術相關障礙等 4 種形式。約有 6％的學齡兒童患有此障礙。

  症狀：難以進行數學運算、理解數學問題陳述，數學推理計算有困難等。

兒童執行功能障礙的症狀

執行功能障礙是一種神經發展障礙，和過動症有關聯性。通常智力不受影響，但它會影響整合、抑制、時間序列規畫等能力。圖形能力、書寫、語言和動作等執行上有困難，都是影響兒童學習的因素。

> **學習障礙大數據**
>
> ・約 10％人口患有特定學習障礙，相當於每 10 個孩子就有 1 個。
> ・特定語言和學習等相關障礙就有 8 種。

自閉症類群障礙

自閉症類群障礙（Autistic Spectrum Disorder，縮寫為 ASD）是一種從出生起就存在的神經發展障礙，影響孩子能力與成長的多個面向，並可能持續發展到成年（根據年齡，其特性和強度可能會改變）。

國際研究已將自閉症類群障礙劃分為多種類型。而「類群」一詞表達了自閉症的多樣性，有不同的表現形式，能力和功能障礙的程度因人而異。目前自閉症的診斷主要依靠臨床觀察。

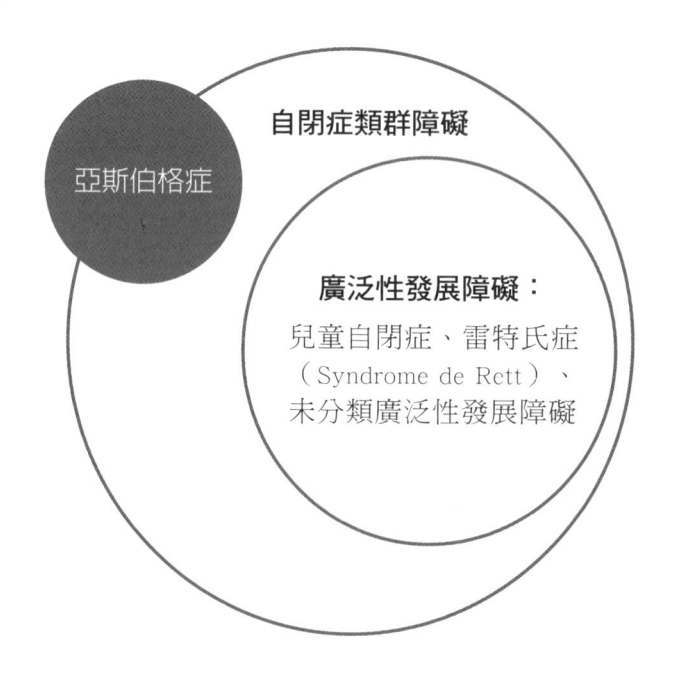

自閉症類群障礙

亞斯伯格症

廣泛性發展障礙：
兒童自閉症、雷特氏症（Syndrome de Rett）、未分類廣泛性發展障礙

第四章 育兒路上的甘苦,你並不孤單

> **自閉症類群障礙大數據**
>
> ・每 100 人之中,就有 1 人患有自閉症。
> ・男女比例為 3:1 至 4:1。
> ・孩子出生後 36 個月(約 3 歲)就能診斷(部分症狀較典型者可能 1〜1.5 歲即可診斷出來)。
> ・約三分之一的自閉症兒童,幼兒園就學天數少於 2 天。
> ・60％的自閉症兒童並沒有接受學校教育。
> ・兒童診斷出自閉症的平均年齡為 3〜5 歲。

自閉症的主要徵兆有:溝通能力問題、社交互動障礙、固定行為或重複性動作和不尋常的興趣、感官敏感(高敏感或低敏感)等。

具體表現可能包括:缺乏眼神接觸、18 個月大時尚未開口說話、未有模仿性的動作手勢,以及缺乏共同專注力(與他人一起注意同一件人事物)等。

> **對自閉症的常見誤解**
>
> ・都是媽媽的問題。
> ・這是一種疾病。
> ・自閉症兒童無法溝通。
> ・自閉症兒童沒有情緒。
>
> 　這些觀念都是錯誤的。自閉症譜系障礙是一種神經發展障礙,源自於神經系統和大腦的非典型發展,導致一些感知與認知以不同的方式運作。

4. 另類教育體系

近年來,另類教育方法林立且蓬勃發展。我想帶各位爸媽們一覽目前主要的另類教育思潮,了解他們的異同。每種教育方法各有優缺點,並無高下之分。你可以從中挑選出符合自己教育理念的體系。

魯道夫・史代納(Rudolf Steiner, 1861-1925)

奧地利哲學、教育家,「華德福」教育創始人。主要的教育理念:

- 尊重孩子的發展節奏,設立日常規律儀式與作息。
- 喚醒孩子的智力、手藝技能和創造力,這些能力不應被分割開來。著重在培養專注力和好奇心。
- 對孩子保持友善且溫暖的態度,讓學習成為樂趣。
- 透過節慶、故事和傳說等,豐富孩子的想像力與道德感。
- 鼓勵自由遊戲和發揮創造力,幫助孩子了解自己。

第四章　育兒路上的甘苦，你並不孤單

瑪利亞・蒙特梭利（Maria Montessori, 1870-1952）

義大利兒童教育家。主要的教育理念：
- 「吸收性心智」與「敏感期」（學習的黃金時期）的概念。
- 營造寧靜、有秩序的學習氛圍。
- 強調動手操作與實驗精神的重要性。
- 以設計精心且漸進式的教材教學。
- 引導孩子走向獨立與自主。

德可樂利（Ovide Decroly, 1871-1932）

比利時教育學家、精神學醫生及心理分析學家。主要的教育理念：
- 普世化概念。
- 從孩子的興趣出發，穩固學習內容。
- 兒童的學習過程有三階段：觀察、聯想與表達。
- 結合感官、選擇自由與互助，激勵孩子學習。
- 強調親師合作，促進兒童的學習動力。

塞萊斯坦・佛賀內（Célestin Freinet, 1896-1966）

法國教育家、教育改革家。主要的教育理念：
- 思想及感覺的自由表達。
- 建立自信，培養主體的自主性。
- 配合孩子的發展節奏，以提出假設和重複練習兩種學習方法為主。
- 觀察與認識環境，獲得個人成長。

艾米・皮克勒（Emmi Pikler, 1902-1984）

匈牙利兒科醫生。主要的教育理念：
- 關懷照護：對他人保持友善態度，強化依附關係與情感安全。
- 倡導自發活動和自由動作。
- 尊重孩子的整體身心健康狀況。

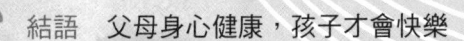

結語
父母身心健康,孩子才會快樂

　　恭喜你閱讀完本書。希望這些內容能幫助你對自己有更深的了解,並深入認識孩子成長過程的複雜性。現在,孩子的行為不再完全是個謎,我們已掌握了許多實用的工具。請別猶豫,善用這些實用工具,根據情況調整,將這些實用方法融入至你們的生活中。

　　育兒的旅程有時艱辛,也考驗耐心,但一路上充滿著愛和看見孩子成長的喜悅。親子間的互動就是種雙向學習,互相扶持、成長。請記得照顧好自己,因為你的身心健康,對孩子的幸福而言十分重要。

　　孩子需要關愛、自由、支持和探索,才能擁有健全的成長、自我發展。

致謝

　　我想要感謝 Sophia 及出版社對這個計畫的信任。衷心感激 Nathalie Casso-Vicarini、Brigitte Collet 醫生、Margaux、Mattéo、Caroline、Noémie，以及所有幫忙審閱本書各版本的人士。特別感謝 Stéphanie 提供寶貴的建議，並感謝我伴侶的支持，讓我不斷追求卓越。

　　謝謝我的女兒們，是她們的存在讓我的生活充滿陽光。

　　最後，感謝我的父母和兄弟，是他們成就了今天的我。

參考書目

Berthier Jean-Luc, *Les Neurosciences cognitives dans la classe*, ESF, 2018.

Chabreuil Fabien et Patricia, *La Spirale dynamique. Comprendre comment les hommes s'organisent et pourquoi ils changent*, InterEditions, 2019.

Jancovici Jean-Marc, Blain Christophe, *Le Monde sans fin, miracle énergétique et dérive climatique*, Dargaud, 2021.

Les 1000 premiers jours, ministère de la Santé, 2020.

國家圖書館出版品預行編目（CIP）資料

處理孩子的情緒怪獸：那些說不出口的失望、嫉妒、憤怒、驕傲該怎麼表達？35個互動親子遊戲，0至10歲兒童的情緒管理指南。/ 愛麗絲・潔拉芭勒（Alice Gélabale）著、阿努克・菲莉（Anouck Ferri）繪；黃翎譯. -- 初版. -- 臺北市；任性出版有限公司，2025.08
272面；14.8x21公分. --（issue；093）
譯自： Les Émotions De Votre Enfant
ISBN 978-626-7505-65-6（平裝）

1. CST：親職教育 2. CST：育兒
3. CST：情緒教育 4. CST：情緒管理

528.2　　　　　　　　　　　　114002882

issue 093

處理孩子的情緒怪獸

那些說不出口的失望、嫉妒、憤怒、驕傲該怎麼表達？35個互動親子遊戲，0至10歲兒童的情緒管理指南。

作　　者╱愛麗絲・潔拉芭勒（Alice Gélabale）
繪　　者╱阿努克・菲莉（Anouck Ferri）
譯　　者╱黃翎
校對編輯╱楊明玉
副　主　編╱連珮祺
副總編輯╱顏惠君
總　編　輯╱吳依瑋
發　行　人╱徐仲秋
會計部｜主辦會計╱許鳳雪、助理╱李秀娟
版權部｜經理╱郝麗珍、主任╱劉宗德
行銷業務部｜業務經理╱留婉茹、專員╱馬絮盈、助理╱連玉
　　　　　　行銷企劃╱黃于晴、美術設計╱林祐豐
行銷、業務與網路書店總監╱林裕安
總　經　理╱陳絜吾

出　版　者╱任性出版有限公司
營運統籌╱大是文化有限公司
　　　　　臺北市110衡陽路7號8樓
　　　　　編輯部電話：（02）2375-7911
　　　　　購書相關資訊請洽：（02）2375-7911分機122
　　　　　24小時讀者服務傳真：（02）2375-6999
　　　　　讀者服務 E-mail：dscsms28@gmail.com
　　　　　郵政劃撥帳號：19983366　戶名：大是文化有限公司

香港發行╱豐達出版發行有限公司
　　　　　Rich Publishing & Distribution Ltd
　　　　　香港柴灣永泰道70號柴灣工業城第2期1805室
　　　　　Unit 1805, Ph.2, Chai Wan Ind City, 70 Wing Tai Rd, Chai Wan, Hong Kong
　　　　　Tel：2172-6513　　Fax：2172-4355
　　　　　E-mail：cary@subseasy.com.hk

封面設計、內頁排版╱孫永芳　印刷╱緯峰印刷股份有限公司
出版日期╱2025年8月　初版
定　　價╱新臺幣460元（缺頁或裝訂錯誤的書，請寄回更換）
Ｉ　Ｓ　Ｂ　Ｎ╱978-626-7505-65-6（平裝）
電子書 ISBN ╱ 9786267505632（PDF）
　　　　　　 9786267505649（EPUB）

有著作權，侵害必究 Printed in Taiwan

LES ÉMOTIONS DE VOTRE ENFANT
Copyright © Le Courrier du Livre, 2023, Complex Chinese rights arranged with Cristina Prepelita Chiarasini, www.agencelitteraire-cgr.com, through through Peony Literary Agency
Complex Chinese Translation rights © Willful Publishing Company, 2025